Werner W.K. Sauer


# Mein Jakobsweg

wo Gott und Menschen
Freunde werden

Dieses Buch habe ich geschrieben auf Grund der vielen, vielen Fragen, die mir nach meiner Rückkehr vom Jakobsweg gestellt wurden.

Es soll eine Antwort geben auf die Fragen nach meinen Erlebnissen, die kein Reiseführer beschreiben kann; insbesondere mit den vielen verschiedenen Menschen und nach meinen Empfindungen und Gefühlen auf diesem Weg.

Werner W.K. Sauer

# Mein Jakobsweg

## wo Gott und Menschen Freunde werden

# Inhalt

# Inhalt

## Zur Einleitung

Als ich mich vor längerer Zeit entschied, den Jakobsweg zu gehen, basierte dieser Wunsch ausschließlich auf spiritueller und ganz persönlicher Basis. Natürlich war ich mir bewusst, dass der Camino mit höchsten körperlichen Anstrengungen und Strapazen verbunden ist; aber das sollte nicht meine Herausforderung sein. Die körperliche Fitness konnte ich schließlich trainieren und hatte auch ausreichend Zeit dazu.

Auch wollte ich diesen Jakobsweg unbedingt alleine gehen, um mich jederzeit, wenn ich es wollte ganz auf mich selbst zu konzentrieren. Außerdem lernt man, wenn man es will so viele Menschen kennen, dass ich keine Angst hatte, irgendwann vielleicht sehr einsam zu werden. Genau so war es dann auch. Ich habe so viele liebe und nette Menschen kennen gelernt, Ansichten und Probleme ausgetauscht; und doch konnte ich mich jederzeit wieder ganz mit mir allein beschäftigen – stundenlang allein gehen – und wenn man das Gespräch mit Gott so nennen will; dann auch beten.

Dieser Jakobsweg war und ist die größte menschliche Erfahrung, die ich in meinem Leben von 61 Jahren gemacht habe. Darum habe ich auch ein „Stück" Camino mit nach hause genommen.

Auch einige äußere Zeichen sollen mich immer wieder daran erinnern damit ich nie vergesse, die ergreifenden Eindrücke und das Mitgenommene auch zu leben.

Kathedrale Leon

Wegweiser

Natürlich wird es noch einige Zeit dauern, alles erlebte zu verarbeiten. Heute kann ich einfach nur sagen: „Ich bin sehr dankbar!"

## Mein Camino in Etappen

| | | | |
|---|---|---|---|
| 1.Tag | 10.Mai | Flug Dortmund - Bilbao / Bus Pamplona | |
| 2.Tag | 11.Mai | über Eunate nach Punte la Reina 28 km | |
| | | | gesamt |
| 3.Tag | 12.Mai | Estella | 20 km 48 |
| 4.Tag | 13.Mai | Los Arcos | 22 km 70 |
| 5.Tag | 14.Mai | Logronho | 29 km 99 |
| 6.Tag | 15.Mai | Najera | 31 km 130 |
| 7.Tag | 16.Mai | Santo Domingo de la Calzada | 22 km 152 |
| 8.Tag | 17.Mai | Belorado | 23 km 175 |
| 9.Tag | 18.Mai | Burgos / Stadtbesichtigung | 33 km 208 |
| 10.Tag | 19.Mai | Burgos Stadtbesichtigung anschl Bus nach Leon | |
| 11.Tag | 20.Mai | Leon  - Hospital de Orbigo | 38 km 246 |
| 12.Tag | 21.Mai | Astorga | 19 km 265 |
| 13.Tag | 22.Mai | Ranabal | 21 km 286 |
| 14.Tag | 23.Mai | Molinaseca | 27 km 313 |
| 15.Tag | 24.Mai | Villafranka del | 36 km 349 |
| 16.Tag | 25.Mai | O Cebrio | 32 km 381 |
| 17.Tag | 26.Mai | Triacastela | 22 km 403 |
| 18.Tag | 27.Mai | über Samos nach Sarria | 27 km 430 |
| 19.Tag | 28.Mai | Portomarin | 23 km 453 |
| 20.Tag | 29.Mai | Palas de Rei | 24 km 477 |
| 21.Tag | 30.Mai | Arzua | 31 km 508 |
| 22.Tag | 31.Mai | Pedrouzo | 21 km 529 |
| 23.Tag | 1.Juni | Santiago de Campostela | 22 km **551** |
| 24.Tag | 2.Juni | Santiago de Campostela Pilgermesse | |
| 25.Tag | 3.Juni | Santiago de Campostela / Rückflug ü. Palma | |

**Donnerstag 10. Mai 2007**
**Anreise nach Pamplona**

Der Flieger geht statt 11.55 Uhr mit 45 Minuten Verspätung in Dortmund ab. Da beim Check in des Sperrgepäcks weitere Rucksäcke liegen gehe ich davon aus, dass außer mir vielleicht auch noch weitere Jakobspilger in diesem Flugzeug sind. Beim Einsteigen und später neben mir sitzend, sind zwei blonde Damen, die den Schuhen und der Kleidung nach solche sein müssten. Da sie mir nicht sehr kontaktfreudig erscheinen, halte ich mich zunächst zurück. Als ich dann sehe, wie sie den Reiseführer des spanischen Jakobsweges und entsprechende Stadtpläne studieren, spreche ich sie darauf an. Sie wollen jedoch zunächst für drei Tage nach Madrid und dann von dort aus nach Astorga, weil sie bis dort hin bereits im letzten Jahr gelaufen sind. Diesmal wollen sie nun den Rest bis Santiago de Compostela gehen.
In Palma de Mallorca steige ich um in den Flieger nach Bilbao.
Am Gepäckband in Bilbao treffe ich auf einige Jakobspilger, die ich danach im Bus nach Pamplona schon näher kennen lerne.
Da ist: Annegret aus Havixbeck, die sehr unbedarft und kaum vorbereitet diesen Weg ganz langsam angehen will; Norbert aus Castrop-Rauxel, der ebenfalls recht kontaktfreudig und aufgeschlossen wirkt;
ein Holländer, den ich noch mehrfach wieder sehen werde; aber nie so richtig Kontakt bekomme; zwei Wiener, Hans und Erich, wie sich später herausstellt, zwei ganz nette gebildete Männer, die ich in der gan-

zen Zeit bis Santiago, abends in den Orten, in den Kirchen und bei vielen Gelegenheiten, immer wieder treffe. Manchmal zu einem kurzen Gespräch, manchmal auch zu einem gemeinsamen Gläschen Wein. Dann ist da noch Caren aus Neuseeland. Sie spricht kein Wort spanisch und bittet uns im Bus, sich uns für den Start in Pamplona anschließen zu dürfen. Wir haben uns bereits im Bus in den 2 Stunden etwas „abgeschnuppert"; also ziehen Annegret, Caren, Norbert und ich durch Pamplona und suchen die Herberge „Casa Paderborn". Norbert und ich hatten ja bereits von zu hause hier angerufen und gebeten, als Mitglieder der Jakobusfreunde Paderborn, uns eine Liege zu reservieren. Das hat leider nicht ganz geklappt. Für Norbert, ja - ich allerdings muss auf einer Matratze auf dem Boden schlafen. Annegret und Caren werden auf den Dachboden verfrachtet, ebenfalls auf Matratzen auf dem Fußboden. Es bleibt gerade noch die Zeit, in einer nahe gelegenen Bar schnell ein Häppchen zu essen und dann kommt die erste lange, unruhige Nacht; in der „Casa Paderborn.

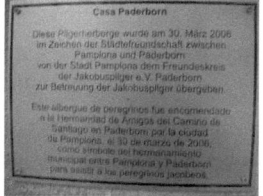

## Freitag / Viernes 11. Mai 2007
## Von Pamplona über Eunate nach Puente la Reina

Es war eine Nacht – Matratze auf dem Fußboden, ohne Stuhl, ohne Tisch ohne Schrank – einfach nichts – Kleider einfach auf dem Boden- Rucksack daneben - zwischen fünf Hochbetten mit Schnarchern. So oder ähnlich sind wohl alle Herbergen. Ich habe wenig geschlafen. 22.oo Uhr Bettruhe – um 24.oo Uhr immer noch wach; dann Etappenschlaf bis 5.3o Uhr. Der Bretterfußboden knarrte so laut, dass ich mich kaum traue, zur Toilette zu gehen; aber bei den anderen knarrt er ebenso wie auch die Türen knartschen und ich bin froh, als die erste Pilgerin um 5.45 Uhr aufsteht.

Am Morgen lerne ich in dem kleinen Waschraum Luc kennen, der später öfter bei uns ist. Ich erneuere meinen Vorsatz, immer wenn eben möglich ein anderes Quartier als eine Pilgerherberge aufzusuchen. Nach einem kurzen „Pilgerfrühstück" gegen eine Spende von min. 2 € machen wir uns vor der Casa Paderborn fertig zum Aufbruch. Dort treffe ich zum ersten Mal auf Monika aus Bremen und Renate aus Stuttgart, deren Namen ich allerdings erst später erfahre. Bis dahin sprechen wir immer von den beiden netten Damen vom ersten Morgen. Durch die Stadt Pamplona gehen wir noch ein Stück gemeinsam, die beiden netten Damen haben wir dann verloren; so gehen Annegret, Norbert und ich zunächst das erste Stück aus der Stadt gemeinsam. Caren will noch in der Stadt bleiben und einiges erledigen. Sie benötigt einen Reiseführer in englisch und möchte ein Päckchen ihres Übergewichtes aus dem Rucksack wegschicken.

Nach der Besichtigung des Rathauses und sonstiger interessanter Gebäude und Plätze kaufen wir uns vor dem Ausgang der Stadt noch Wasser und füllen unsere Trinkflaschen auf. Die Sonne scheint und es soll sehr warm werden. Wir schließen uns einer Herde von Studenten an und gehen am Stadtrand zur Universität, um uns den begehrten UNI-Stempel zu holen.

Danach geht es erstmals richtig auf die „Piste" des Camino. Es ist ein schwerer Weg. Er wird immer steiler und beschwerlicher. Dort ergibt sich erstmals, was sich später und über den gesamten Jakobsweg als selbstverständlich erweisen sollte - die Abstände zwischen uns werden immer größer und jeder geht für sich allein. Manchmal sieht man sich noch, manchmal aber auch nicht - oder nie mehr.

Zwei mal bleibe ich stehen und warte auf Norbert und Annegret. Als sie sich dann ziemlich erschöpft an den Wegrand auf einen Stein setzten um eine Pause zu machen, gehe ich weiter und sage, dass wir uns ja im nächsten Ort wieder sehen werden. Noch beim Aufstieg überhole ich Ralf, der diese erste Woche zumindest nachmittags oder abends mit dem Physiotherapeuten Mathias aus Geseke zusammen ist.

Nach dem Aufstieg, vorbei an den Windrädern und dem Pilgermonument auf der Passhöhe des Puerto del Perdon, geht es auf einem katastrophalen Stein- und Geröllweg steil bergab.

Bereits dort schmerzten zum ersten Mal meine Gelenke und Knie.

Auch an den schweren Rucksack mit über 12 kg kann ich mich noch gar nicht gewöhnen. Selbst der Physiotherapeut Mathias, der mit seinen 41 Jahren sportlich und gut drauf ist, staunt lautstark über meine Kondition. Ralf und Mathias nennen mich ein „Renntier" und eine ähnliche Bezeichnung sollen auch Annegret und Norbert für mich gebraucht haben.

Als ich in **Uterga** bei meinem Mittagessen – Salat - und 2 Ltr. Wasser sitze, treffe ich im Garten dieser Bar auch Ralf, Mathias, und die beiden netten Damen wieder.

Ich frage nach ihren Namen – sie heißen Monika und Renate. Ich bin fast fertig und will gleich weiter gehen, da kommen Annegret und Norbert recht erschöpft „herangekrochen". Sie gehen sofort durch zur Bar-Theke, fragen nach einem Bett und bekommen auch jeder eines in einem 10 Bettenraum. Sofort gehen sie auf das Zimmer und wurden nicht mehr gesehen. Nachdem ich noch etwas gewartet habe sagt man mir, sie lägen auf ihren Betten und wollen dort auch zunächst einmal liegen bleiben.

Ich werde noch den laut Reiseführer empfohlenen Umweg von 5 km laufen, um die sehenswerte **Kirche in Eunate** zu besichtigen. Ralf, Mathias, Monika und Renate wollen auf direktem Weg über Obanos heute noch bis **Puente la Reina** (die **Brücke der Königin**), dem Ort, der nach seiner so bekannten alten Brücke benannt wurde – oder umgekehrt.

Der Umweg ist nach der vorherigen Wegstrecke sehr anstrengend und mein bereits vorher verletztes Fußgelenk schmerzt sehr. Um so trauriger bin ich, als ich in Eunate nicht in die Kirche gehen kann, weil ein Bus voller spanischer Kinder sich kurz zuvor dort nicht so gut benommen hat und der verantwortliche Spanier die Kirche kurzerhand zusperrte um aufzuräumen.

Er sammelt Papier auf und lässt sich nicht erweichen, mich auch nur in den Vorhof der Kirche zu lassen. Ich halte mich ebenso wie zwei Radfahrerinnen aus Holland eine Weile auf, trinke mein Wasser und bekomme dann wenigstens noch den Stempel – aber nicht in der Kirche. So ziehe ich mit meinen Gedanken, die ja gerade auf diesem Weg keinen Groll kennen sollen, so schnell und so gut ich kann, weiter über **Obanos** nach **Puente la Reina**.

Dort sind bei meiner Ankunft nicht nur alle drei Herbergen bereits „completed"; auch in den Hotels und Hostales ist nichts mehr frei. Ich möchte aber nicht wieder auf dem Boden schlafen und ohne Stuhl meine sieben Sachen auf dem Boden sortieren – ich möchte ein Bett, mich vernünftig duschen, eincremen und pflegen. Ich meine, das hätte ich nach diesem so anstrengenden Tag wohl verdient. Darum gehe ich in das Hotel „Rual Bidean" noch ein zweites Mal, flunkere etwas, und das mein Freund mir gesagt hätte, dass doch ein Zimmer (habitatione individual con baño) für mich telefonisch von Pamplona aus reserviert worden sei.

Die Verhandlungen – weil man auch meinen Namen nicht findet, dauern eine ganze Zeit, sind aber letztendlich doch erfolgreich. Irgendwann gibt mir die nette Dame an der Rezeption dann doch ein Zimmer – vielleicht aus Mitleid – und räumt mir sogar noch einen Pilgerrabatt ein und einen Preis incl. Frühstück, was sonst hier gar nicht üblich ist.

Wir verstehen uns prächtig, sie in englisch mit einer spanischen Beimischung; ich in englisch mit einer Beimischung aus spanisch und deutsch.

So einigen wir uns in unserem Kauderwelsch, dass der Anrufer möglicherweise bei der Reservierung nicht meinen Namen sondern seinen Namen oder den des Restaurants genannt hatte, von dem er angerufen hat.

Später serviert mir die nette Dame dann persönlich noch lächelnd mein Bier.

Damit meine Komödie auch weiter glaubhaft erscheint, bitte ich die Dame, erneut für mich ein Zimmer an meinem nächsten Etappenziel **Estella** zu buchen. Diesmal aber bitte korrekt auf meinen Namen.

An Hand meines Personalausweises gibt sie sich sehr viel Mühe, für mich wieder ein ordentliches Zimmer im Hotel „Yerri" in Estella zu reservieren. Heute jedenfalls habe ich in einem ordentlichen Hotel ein sauberes Zimmer, welches im Vergleich zu denen, die da noch kommen sollten, sehr gut ist. Weil heute niemand mehr nach diesem reservierten Zimmer fragt bin ich beruhigt, es niemandem weggenommen zu haben und die Dame offensichtlich auch.

Nach der ersehnten Körperreinigung und Gesundheitspflege mache ich einen Stadtrundgang, zur nahen historischen Brücke, in die Kirche, treffe dort kurz die beiden Wiener Hans und Erich, dann gehe ich zurück zum Hotel. Durch die vielen Menschen aller Nationen denen ich hier begegne, weiß ich manchmal nicht mehr genau, was ich da spreche. Hier in Puente la Reina geht alles durcheinander, – das ist sehr schön und interessant. Ich spreche „spanisch", englisch, deutsch und die Verständigung ist hervorragend – am besten in english – but it will be changed.

Zuerst trinke ich draußen 3 große „Cervecas con Lemon" und danach esse ich drinnen im Restaurant – sehr gut.

Eigentlich hätte ich noch Lust ein paar Ansichtskarten zu schreiben, denn es ist erst 21.oo Uhr. Weil ich aber nicht sicher bin, ob ich mit meinem schmerzenden linken Fuß und dem rechten Knie nicht vielleicht doch schon früher als die Karten zu Hause bin, vertage ich dies zunächst erst einmal.

Heute Abend habe ich von den inzwischen bekannten Pilgern niemanden mehr gesehen, weil ich nach dem Essen recht früh schlafen gegangen bin. Das war auch gut so, denn in der Nacht bekomme ich einen krampfartig anhaltenden Durchfall – immer wieder. Ich weiß nicht, ob es am Essen oder an dem Wasser liegt, das ich tagsüber aus den Brunnen getrunken hatte. Fast alle Pilger trinken dieses Wasser; aber ich werde ab jetzt versuchen, nur noch gekauftes Wasser aus Flaschen zu trinken. So wird leider mein Schlaf auch in dieser Nacht häufig und länger unterbrochen.

**Samstag / Sàbado  12. Mai 2007**
**Von Puente la Reina nach Estella**

Den Wecker hatte ich für 7.oo Uhr gestellt, wegen
der gestörten Nacht stehe ich jedoch erst um 7.3o
Uhr auf. Da sind viele schon längst unterwegs – aber
bei meinem flotten Gang, werde ich mein Tagespen-
sum auch so schaffen; und was soll ich schon immer so
früh am Zielort. Ich will doch gar nicht um ein Bett
oder einen Liegeplatz in der Herberge „kämpfen".
Der Frühstückstisch ist zwar schon gut abgeräumt,
aber in diesem Hotel gibt es sogar Toastbrot, ge-
kochten Schinken oder Käse, Kaffee und Orangensaft. Es hätte sogar Müsli und Milchreis gegeben;
aber leider ist kein Teller oder Geschirr mehr da.
Kuchen und Bratapfel mag ich am Morgen auch noch
nicht, aber eine so reichhaltige Auswahl habe ich hier
nie mehr gesehen. Ich hätte mir ja nur eine Stunde
Zeit nehmen müssen. Womöglich würde ich dann sogar
noch ein Ei bekommen – und das alles inklusive im
Zimmerpreis. Die einzige Bedienung im Restaurant ist
total überlastet. Weil ich nun los will, packe ich meinen Rucksack, kaufe mir Mineralwasser, gehe zur
nächsten Farmacia und kaufte mir spanisches (Imodi-
um) gegen Durchfall. Die Dame in der Farmacia
spricht gut englisch, - erklärt mir wie bekannt – zuerst sofort 2 Tabletten. Dann packt sie mir die Pa-
ckung diskret ein wie ein Geschenk; offensichtlich mit
einem Schmunzeln, damit draußen nicht sofort jeder
erkennt, wegen welchem Problem ich in der Farmacia
gewesen war – denn es ist Markttag direkt vor der
Tür. So ist das noch im Norden Spaniens.  Auf der

Strasse nehme ich sofort zwei Kapseln und beginne meinen heutigen Weg über die wunderschöne alte Brücke Puente la Reina, die ich natürlich zuerst noch fotografiere.

Weil es inzwischen nach 9.oo Uhr ist, hole ich an diesem Tag viele Pilger nicht mehr ein. Von den beiden Wienern Hans und Erich, die im Priesterseminar geschlafen haben erfahre ich am Abend in Estella, dass sie wie viele andere bereits um 7.oo Uhr losmarschiert sind.

Einige, die ich überhole, sehe ich tagsüber immer wieder. Besonders einen ganz jungen, besinnlichen Spanier. Wir lächeln uns immer wieder nur an und sprechen nicht mehr miteinander als: Buenos dias – und buen Camino. Dann treffe ich ihn mittags vor der Kirche in Cirauqui. Die Kirche ist zu und er sucht sich dort ein Schattenplätzchen um sein Bocadillo zu essen, das er sich in einem nahe gelegenen Lebensmittelgeschäft gekauft hat. Ich möchte eigentlich in die Kirche, doch die ist, wie die meisten am Wege, tagsüber geschlossen. Er spricht nur ein ganz ausgefallenes spanisch und zeigt immer auf sein Essen; und ich auf die Kirchtür. Dann meine ich, er hätte mich verstanden – er legt seine Sachen auf die Steinbank im Schatten und winkt mir zu, ihm zu folgen. Ich gehe ihm nach weil ich glaube,

er wolle mir einen anderen, offenen Eingang zur Kirche zeigen. Wir gehen ein Stück um die Kirche und dort zeigt er auf den Lebensmittelladen, wo er sein Essen gekauft hat.

23

Ich bedanke mich freundlich und habe das Gefühl, dass ich mich bisher auf dem ganzen Weg noch mit niemandem so sehr missverstanden habe. Dennoch gibt es an diesem Tag bei noch weiteren Treffen mit ihm immer wieder ein freundliches Lächeln. Als ich ihn einmal überhole und in Gedanken vertieft bin, ich glaube Estella schon vor uns zu sehen, pfeift er mich plötzlich zurück und zeigt auf einen Abbiege-Wegweiser, den ich übersehen habe. Er gestikulierte dann wieder und zeigt mir mit der flachen Hand an seiner Wange, dass er in diesem nächsten Ort wohl auch schlafen will. Beim durchqueren des Ortes treffe ich zwei Franzosen wieder die mir erklären, dass dies noch gar nicht Estella wäre. Während der eine seine Blasen verarztet, fotografiere ich die dortige alte Brücke und lasse mir von den beiden klar machen, dass es hier in Villatuerta weder eine Herberge, noch ein Hotel oder sonst eine Übernachtungsmöglichkeit gibt. Dies hat auch der kleine Spanier irgendwie verstanden, guckt ebenso wie ich „dumm" aus der Wäsche, nimmt seinen langen Pilgerstab und zieht weiter. Die beiden Franzosen wollen mir noch vermitteln, dass es bis Estella noch ca. 15 km sein sollen. Nun will ich aber heute kein weiteres Missverständnis mehr, denn vor 2 Stunden hatte ich beim überqueren einer Straße ein Schild gesehen, das noch 9 km bis Estella angab. In der Bar in Lorca hatte mir die Dame gesagt, noch 8 km. Ich denke, die habe ich inzwischen zurückgelegt; aber nun sollten es noch einmal 5 km sein??? Ich bin wirklich platt wie eine Briefmarke und reduziere zwangsläufig mein Tempo.

Ich sehe, wie auch der kleine Spanier nur noch so dahin schlurfte.

Die Hitze, die Sonne und diese beschwerlichen Auf- und Abstiege, die mit Fußwegen wirklich gar nichts mehr zu tun haben, haben mich wirklich total fertig gemacht. Dabei konnte ich heute unwahrscheinlich viele Eindrücke in jeder Hinsicht, und auch von zauberhaften und strapaziösen Vegetationen erleben. Der Boden ist oftmals so trocken, dass er weit und tief aufgerissen ist. Interessante Gewächse von Weinstöcken, die aus überwiegend alten knorrigen Krüppelstämmen bestehen. Dann plötzlich stehen ähnliche Rebstöcke in einem offensichtlich künstlich angelegten Sumpf im Wasser nahe an einem Ort. Die leuchtend roten Mohnblumen in den Getreidefeldern und an den Wegrändern zusammen mit wild wachsenden Blumen aller nur denkbaren Farben. Eine Faszination in gelb, hellblau, dunkelblau, rot, grün, lila usw. Dabei vergesse ich doch manchmal zumindest für einige Minuten die Schmerzen in meinem linken Fuß – er wird tagsüber immer dicker. Heute habe ich mir mittags die Bandage angezogen. Auch das rechte, operierte Knie schmerzt wieder, besonders im Abwärtsgang. Der Schweiß tropft von der Stirn hinter die Brille und brennt in den Augen. Erst am Abend sehe ich im Spiegel, dass die Schweißtropfen auf der Nase zwei Brandblasen verursacht haben.
Ich bin vollkommen nass geschwitzt. Durch das Bergauf und Bergab schieben sich die feuchten – wenn auch guten Strümpfe hin und her. So habe ich, obwohl mit den Schuhen kein Problem, am Abend dennoch 2

kleine Blasen, die ich aber sehr schnell im Griff habe;
und die mich nicht weiter beeinträchtigen.

Die vielen Pilger, egal ob per Rad oder zu Fuß, mit
denen ich oft in ein kurzes Gespräch komme, kann ich
alle gar nicht beschreiben – aber insbesondere die
„Älteren", auch Damen, beeindrucken mich mit ihrer
Kondition.

Sehr interessant finde ich noch, dass der Boden in
einem Gebiet in den Weinbergen nicht nur rotbraun,
sondern richtig rot ist, wie ich es zuvor noch nie gesehen habe.

So muss ich heute feststellen, dass ich das Training
zu hause ganz und gar nicht mit dem Camino verglei-
chen kann. Ich hatte doch wirklich fleißig trainiert;
aber hier kommt es mir vor, als wären hier 15 km so
schwierig wie daheim 30 km.

Schon wegen der Geröllwege bergauf und bergab be-
nötige ich mehr als die doppelte Zeit für einen Kilometer gegenüber zu hause. Dann die Sonne, die Hitze
und ich „Depp" mit meinen fast 13 kg die ich schleppe.
Unterwegs sehe ich am Wegesrand, was so alles weg-
geworfen wird aus Frust über den schweren Rucksack. Ein großes Frotteebadetuch, eine Jeanshose,
Hemden und T-Shirts hängen plötzlich am Baum oder
im Gebüsch. Erstaunlich ist, das nimmt dort keiner
mit – zumindest kein Pilger – niemand will etwas haben, weil jeder selbst schon zu viel dabei hat. Langsam beginne auch ich nachzudenken, was ich vielleicht
zu viel habe. Mal sehen wie meine Wäsche trocknet,
denn am Abend werde ich große Wäsche haben.

Nun kommt ja heute noch mein Magen-Darmproblem hinzu. Hinter einem von Mauern umzäunten Friedhof, erledige ich eine Rest-Notdurft aus meinem Durchfall der letzten Nacht. Ansonsten habe ich es 3-mal bis zu einer Bar geschafft. An den hinter der Mauer herumliegenden „Utensilien" die vielfach auch zum Rümpfen der Nase anhalten, stelle ich schnell fest, dass ich hier mit meinem Problem bei weitem nicht alleine „gewesen" war. Ich allerdings, habe meine gesamte Kleidung wieder angezogen und mitgenommen.

Sofort kurz nach dem Ortseingang von **Estella** ist die Pilgerherberge. Sie ist wie fast jeden Tag – insbesondere zu dieser Zeit - es ist schon etwa 16.oo Uhr, voll und „komplett" – wie man hier sagt.
Ich möchte ja auch nur meinen Stempel und frage den Hostalero nach dem Weg zum Hotel „Yerri". Da breche ich fast zusammen, als er mich schulterzuckend erneut 1,5 km durch die Stadt schickt.

Die beiden Wiener Hans und Erich gehen schon frisch geduscht und umgezogen in die Stadt und ich schlurfe zu dem für mich reservierten Hotelzimmer. Im Nachhinein hat es sich aber doch wieder gelohnt, denn ich habe eine ordentliche Bleibe mit Bar / Restaurant.

In meinem Zimmer setze ich meinen Rucksack in die Ecke, Stock und Hut – wie man so schön sagt – ab; und Schuhe aus.
Ich bin nicht nur nass geschwitzt, sondern ich habe auch das Gefühl, dass ich müffele. Meine gesamte Kleidung ist außen weiß oder hat weiße Ränder vom

Salz und Schweiß. Darum setze ich mich mit allem was ich anhabe in die Badewanne. Während ich langsam im Wasser eintauche und einweiche, beginne ich mich auszuziehen und wasche alle Einzelteile mit der Flüssigseife, die ich von Britta und unserem Sohn Christian extra für diese Zwecke aus einem Outdoorladen mitbekommen habe. Ich habe ganz vergessen zu fragen, ob es hier im Hotel eine Waschmaschine oder einen Trockner gibt.

Nachdem alles zunächst über der Badewanne abgetropft ist, hängt es nun auf meiner Wäscheleine vor dem Fenster. Wenn es morgen früh nicht trocken ist, muss ich noch etwas „zaubern", denn die Hose möchte ich schon gern wieder anziehen. Alles andere habe ich doppelt oder ausreichend; und eine Trockenleine möchte ich auch nicht unbedingt hinten an meinem Rucksack hängen haben.

Nun kommt die schon traditionelle Körperpflege mit den diversen Cremen für alle Belange und verschiedenen Körperteile. Dann trinke ich in der Bar vorab ein großes Bier mit Lemon. Dabei stelle ich fest, dass meine Schulter von dem schweren Rucksack ganz schön weh tut und mich beim Trinken behindert. Bevor ich mich in das Restaurant zum ersehnten Abendessen begebe, rufe ich meine Frau Gabi an, was ich bis jetzt jeden Abend gemacht habe. Das Essen ist gut und geht fix. Vorspeise: Ensalada Mixta. Hauptgericht: Filette mit potates frites; und als Postre: Yoghurt. Ohne große Rückfrage bekomme ich eine ganze Flasche Vino tinto. Weil er so gut schmeckt bleibe ich noch eine ganze Zeit hier sitzen und beginne mit meinen Notizen, die ich später in meinem Zimmer weiter schreiben und vervollständigen werde.

Die Eindrücke auf dem Camino sind so vielfältig, dass ich jeden Abend bis in die Nacht Notizen machen könnte. Wenn ich da zu hause noch nacharbeite; und mir vieles dazu wieder einfällt, wird es sicher ein nicht ganz so knappes Tagebuch.

Ich bin sehr müde und schlafe daher sehr zufrieden ein, während ich den morgigen Tag gedanklich plane.


## Sonntag / Domingo 13. Mai 2007
## Von Estella nach Los Arcos

Auf dem heutigen Weg, den ich bis auf wenige kurze Begegnungen wieder alleine gehe, treffe ich den lustigen Harry aus Kanada. Er spricht jeden an, ist sagenhaft schnell und singt ständig während er geht; gut, schön, und laut seine Eigenkompositionen, z.B.: „It`s a long way, to santiago, it`s a long way to go, it`s a long way to Santiago, I always walk – and so……. Manchmal pfeift und singt er auch abwechselnd – aber viel zu schnell. Er erzählt mir, dass er bis Leon geht, dann Schluss - kommt im September mit seiner Tochter wieder und geht dann mit ihr von Leon bis Santiago de Campostela.

Ansonsten sehe ich heute überwiegend Franzosen. An dem Weinbrunnen der Bodega Irache, wo jeder nach Lust und Liebe aus dem Brunnenkran Wein trinken kann, ist es leider noch zu früh am Morgen um Wein zu trinken. Die Pilger fotografieren sich an dem Weinbrunnen gegenseitig, besichtigen die Kirche, holen uns den Stempel und dann geht jeder für sich weiter.

Der junge Spanier von gestern geht heute mit einer Kniebandage ganz langsam, fast schleichend – ob er so bis Santiago kommt?

Achim, ich schätze ihn auf etwa 40 Jahre alt, hat mich kurz vor Villamayor de Monjardin überholt. Wir grüßten uns auf spanisch, wie es auf dem Camino so üblich ist mit hola, buen Camino, bla, bla, bla; da meint er, mein spanisch würde sich wohl recht deutsch anhören, also könnten wir auch ruhig deutsch miteinander sprechen. Wahrscheinlich hat er auch meinen unübersehbaren „Deutschlandhut" erkannt.

Wir sprechen ein paar Sätze miteinander und er meint, ich wäre ja für diesen Weg und die Steigung sehr gut drauf. Wir haben noch gar nicht über Alter usw. gesprochen; aber scheinbar sieht man mir wohl an, dass ich nicht mehr ganz zu den „Jüngsten" gehöre.

Wir gehen die letzten Minuten bis **Villamayor de Monjardin** gemeinsam. Achim macht dort in der gleichen Bar wie ich eine Pause. Dort setzen wir dann den Hut ab; und wir sehen wohl beide ganz anders aus als vermutet. Achim ganz kahl geschoren – und ich – na ja, mit den wenigen Haaren, die versuche zu erhalten. Ich trinke einen Cafè con Leche und esse ein Bocadillo con jamon. Der Schinken ist viel zu dick geschnitten und auch zu dick belegt, so dass ich schrecklich lange kauen muss.

Achim wartet in dieser Bar noch auf zwei bekannte Ehepaare, die er unterwegs vor einigen Tagen kennen gelernt hat; tagsüber sei er aber immer schneller. Die Bekannten kommen dann auch und setzten sich mit an den langen Tisch. Und weil meine „Sympathieantenne" meist noch ganz gut funktioniert, breche ich recht bald auf und gehe die beschriebenen 12,5 km wieder alleine.

Es ist im Reiseführer beschrieben, dass dies der letzte Ort vor **Los Arcos** ist; und man soll für diese 12,5 km ausreichend zu trinken mitnehmen.

Ich bin mir gar nicht ganz sicher, ob ich das heute erlebte wirklich so aufschreiben soll. Es ist ja ein langer Tag und ich bin sehr viel alleine gegangen. Es ist so einmalig und ich denke nochmals nach, ob ich nicht geträumt habe. Ich entscheide mich, es zunächst einmal so in meinen Notizblock zu schreiben, gegebenenfalls kann ich das ja immer noch ändern.

Nun bin ich zu diesem Weg ja nicht aufgebrochen wie manch anderer der erfahren will, ob es Gott wirklich gibt. Ich bin mir schon immer als gläubiger Christ – und nicht nur als langjähriger Messdiener – dessen bewusst und sicher. Auch nicht, weil ich einen Tag vor der Abreise zu unserem heimischen Pastor Middelanis gegangen bin, um mir den Reise- oder besser gesagt Pilgersegen zu holen.

Das hat er übrigens sehr schön gemacht und den offiziellen Pilgersegen noch mit einigen netten persönlichen Worten ergänzt. Dann hat er das Siegel unserer Pfarrgemeinde in mein „Credencial del Peregrino" (Pilgerausweis) gestempelt und in lateinisch daneben geschrieben: „**iter para tutum**" das heißt: „**allzeit guten Weg**"

Nein – meine Motivation, den Jakobsweg zu gehen begründet sich daraus, dass ich in den letzten Jahren einige Krankheiten mit einer Reihe von kleineren und größeren Eingriffen und Operationen durchzustehen hatte, die wirklich nicht immer so einfach waren, auch wenn ich versucht habe, es nicht so sehr zu zeigen.
Und wie das so ist, denkt man an den „lieben Gott" ja meistens nur oder am ehesten, wenn es einem sehr dreckig geht oder man glaubt, dass es nun ohne seine Hilfe nicht mehr weiter geht. Das ist ganz sicher nicht nur bei mir so. Wenn dann alles gut gegangen ist, wird „ER" oft auch schnell wieder vergessen.
Also habe ich beschlossen, nicht nur immer „BITTE", sondern mir die Zeit zu nehmen, einmal ganz ausführlich „DANKE" zu sagen. Und wo könnte ich das besser, als auf dem Jakobsweg.

Außerdem hat doch eigentlich jeder – so jedenfalls ich, mit Gott doch immer noch irgendetwas zu regeln. Locker gesagt – man hat noch die eine oder andere Rechnung offen. So denke ich, ist das eine gute Gelegenheit auf dem Camino.

Bereits heute auf diesem beschwerlichen Weg habe ich etwas erfahren, was ich hier – zumindest heute – oder überhaupt nicht niederschreiben möchte. Aber schließlich ist es ein Tagebuch und warum oder vor wem sollte ich es zurückhalten. Auch möchte ich gerade hier nicht beginnen, Gott zu verleugnen. Es war so sehr beeindruckend oder ergreifend, dass ich noch nicht so richtig weiß damit umzugehen. Ich erinnerte mich sehr schnell an mein Gespräch mit Frau Berchem vom CDH Berlin, die mir noch kürzlich sehr begeistert sagte: „Sie werden vom ersten Tag an spüren, dass Sie nicht alleine sind und gehen".

Ich wusste das seinerzeit in Hannover noch nicht so recht zu werten; aber heute habe ich es verstanden.

Noch zu hause hatte ich mir den Fingerrosenkranz gekauft und habe diesen auch auf meinen Übungswegen vorher oft und intensiv gebetet. Vielleicht auch manchmal, wie man den Eindruck hat – heruntergeleiert. Eines ist sicher: die langen Wegstrecken verkürzen sich dabei zumindest gedanklich und gefühlsmäßig.


Heute nun, als ich mich wieder einmal durch das Rosenkranzgebet ablenken will, lässt „ER" es einfach nicht zu.

Immer wieder werde ich abgelenkt, weis nicht mehr wo ich war oder der Weg scheint für ein Gebet einfach nicht geeignet. Plötzlich stelle ich fest, das ich mit „IHM", oder „ER" mit mir spricht, ohne ein so genanntes förmliches Gebet. Mir kommen Dinge in den Kopf, die nichts mit einem Rosenkranz oder einem sonstigen formellen Gebet zu tun haben. Ich bemerke sogar, dass ich laut spreche. Also sage ich „IHM" schließlich: „ Gut, wenn Du es möchtest, dann unterhalten wir uns eben so wie Du es willst. Er bringt Themen ins Gespräch, auf die ich – zumindest jetzt – gar nicht vorbereitet bin. Es ist merkwürdig aber doch schön.

Die Fragen, die sich meinerseits dazu auftun, beantwortet „ER", zumindest heute noch nicht klar. „ER" hat aber angedeutet, wenn ich den „Weg" zu Ende gehe, würde ich wohl eine Antwort bekommen oder Klarheit haben.
Nun bin ich mal sehr gespannt. Die Zwiegespräche werden ab jetzt immer lockerer; ja sogar freundschaftlich.

Ich bitte an dieser Stelle um Verständnis, dass ich über diese Details nichts niederschreiben möchte. Gerade zwischen Gott und mir muss es Geheimnisse oder Vertraulichkeiten geben dürfen. Ich räume allerdings ein, dass ich zum einen meiner Frau Gabi, - die ohnehin oft wohl in mein Herz sehen kann – wie auch vielleicht im Kreise meiner Familie, die weitgehend mein Leben kennt, einmal offen darüber reden werde.

Ja, dieser Pilgerweg „Camino" muss schon eine ganz besondere Erfahrung sein; und darum wünsche ich mir auch von ganzem Herzen, ihn trotz der Blessuren und körperlicher „Macken", zu Ende gehen zu dürfen und zu können.

Auf dem Weg bis Los Arcos überholt mich der singende Harry aus Kanada wieder, und ich ziehe an einigen Franzosen und Französinnen vorbei. Weil ich von meinem vorherigen Quartier in Estella ein Hostal vorgebucht habe, - es ist sogar ein Hotel – hole ich mir am Ortseingang in der „Albergue Austria" einen

Stempel. Die Herberge ist ohnehin bereits completed und machte auch gar keinen sehr sauberen Eindruck.

Nachdem ich mich in meinem vorreservierten Hotel „Monaco" (ordentliches Zimmer für 42 €) einquartiert und meine übliche Wäsche von Körper und Kleidung vollzogen habe, gehe ich auf den nahen Kirchplatz zur Bar Gargantua, wo eine nette Außengastronomie auf dem Kirchplatz betrieben wird. Meine Hotelwirtin im Monaco hat mir dieses Lokal empfohlen.

Durch die Bekanntschaft mit dem „lieben" Achim, bin ich heute zunächst gar nicht so recht zu meinen Notizen gekommen; denn Achim, der auch wieder dort hinkommt, setzt sich zu mir und so kommen wir ins plaudern.

Ich schlage meinen Block zu, weil mir die Unterhaltung mit Achim wichtiger erscheint. Am Nebentisch sitzen die beiden Wiener Hans und Erich zusammen mit den beiden Damen aus Österreich. Achim und ich trinken Wein und Wasser und er erzählt mir: dass er aus „Kölle" ist und 7 Jahre in Spanien gelebt hat (daher sein gutes spanisch) er hat dort ein Geschäft gehabt. Später erzählt er mir, dass er Friseur ist und inzwischen wieder in Deutschland lebt. Auf dem Camino möchte er ergründen, ob er in Deutschland bleiben, oder für ganz wieder zurück nach Spanien gehen soll. Ich kenne ihn zu wenig, um darüber ein Urteil oder einen Rat abgeben zu können.

Wir beschäftigen uns beide intensiv mit dem Handy, weil er einerseits seine Mutter anrufen will, und andererseits seine beiden bekannten Pilgerpaare hier her holen will. Ich dagegen will mich bei Gabi melden und außerdem ist es Sonntag wo ich lange telefonie-

ren kann – nur für die besagten 65 Cent, denn die Minuten sind ja auch im Vodafon – Reiseversprechen am Wochenende frei- glaube ich. Das scheint der spanische Vodafonanbieter wohl geschickt zu unterbinden, denn wir bekommen beide den ganzen Abend keine Verbindung – oder das Netz ist wirklich so überlastet. So kann Achim seine Pilgerfreunde auch nicht anrufen – weshalb ich ihm auf lustige Weise – (frei nach Gunther Morlok) vermittle,
dass ich schon genug Leute kenne und niemanden mehr kennen lernen möchte.

Irgendwann schafft es Achim, seine Pilgerfreunde doch her zu trommeln. Darum füge ich mich meinem Schicksal bis alle eingetroffen sind. Weil ich gesagt hatte, dass ich um 19.oo Uhr in die Pilgermesse mit anschließendem Pilgersegen gehen will, verkündet Achim, dass wir alle gemeinsam in die Pilgermesse gehen sollten. Er würde für 20.oo Uhr in diesem Lokal einen Tisch bestellen, wo wir alle gemeinsam Essen sollten.

Die Pilgermesse ist recht frustrierend. Nur spanisches Gebetsgeschnatter. Keine Orgel, kein Lied, kein Gesang. Obwohl 90 % der Kirchenbesucher international sind – nichts zu verstehen. Nicht einmal ein Gebet in Latein, kein Messdiener, kein Glöckchen zur Wandlung. Selbst den anschließenden Pilgersegen kann ich nicht verstehen. Hätte die spanische kleine Nonne neben mir mich nicht nach vorne gewiesen, würde ich auch dies nicht begriffen haben. Das einzige unmissverständliche ist die „Handreichung" als

Zeichen des Friedens. Die nette, feine Nonne passt zwar während ich zum Altar gehe nicht auf meine Sachen auf, denn als ich vom Pilgersegen zurückkomme, ist sie weg. Gott sei Dank, ist meine Umhängetasche und meine Jacke aber noch da.

Die gotisch-barocke Kirche ist mit sehr viel Gold traumhaft schön. Der Pfarrer verteilt dann noch Bildchen mit dem Text des Pilgersegens, für jeden in seiner Sprache; und hinten in der Kirche gibt es von zwei alten Damen noch den entsprechenden Stempel mit Datum. Der Pilgerstempel scheint hier inzwischen den Stellenwert eines Sakramentes zu haben. Wir suchen und erbitten ihn überall.

Nach der Messe bekommen wir wirklich gerade noch einen Tisch in dem eigentlich schönen Restaurantkeller. Leider es reine Pilgerabzocke. Bei Mc Donald´s wäre es besser und frischer gewesen. Alles was auf der Karte steht kommt portionsweise eingefroren aus der Tiefkühltruhe; wird noch ganz offen an uns vorbeigetragen und dann in der Mikrowelle heiß gemacht. Zu spät, wir hatten bestellt: ungenießbare Pizza und ebenso schlechte Paella. Weil 2 Ehepaare in Herbergen schlafen ist der Abend sehr bald beendet. Ich kaufe mir unten in unserer Hotelbar noch ein kleines Fläschchen Wein, gehe um 21.00 auf mein Zimmer und mache diese Notizen. Weil mein Wein zu Ende geht, die Kirchenglocken neben meinem Balkon 23.00 schlagen, lege ich mich schlafen.

## Montag / Lunes  14. Mai 2007
## Von Los Arcos nach Logroño

Nach der halben Flasche Rotwein hätte ich in der letzten Nacht gut geschlafen, wenn da nicht immer dieser schwere Rucksack wäre, der mir fast die Schultern eindrückt. Vielleicht liegt es aber auch daran, dass ich gestern zu viel gehört habe vom „ausmisten" und alles was nicht zwingend gebraucht wird, in ein Päckchen packen und postlagernd nach Santiago schicken. Leo von der Ostsee, der ohnehin immer nur kurze Stücke zwischen den Busfahrten und diese noch ohne Rucksack läuft, will dies zusammen mit seiner Frau jedenfalls sofort heute morgen auf dem Postamt erledigen. Schließlich will er es seiner Frau erleichtern, immer zwei Rucksäcke im Bus etappenweise zu befördern. Sie – ich habe ihren Namen vergessen, weil es mir nicht so bemerkenswert erschien - kann jedenfalls gar nicht mehr laufen. Die Gelenke und die Füße lassen es nicht mehr zu. Sie möchte gerne nach hause fahren; aber das wiederum lässt Leo nicht zu – obwohl er selbst nicht laufen kann. Leos Figur ist hinsichtlich seiner Fettleibigkeit nicht mehr mit netten Worten zu beschreiben. Seine Motivation, den Camino zu gehen, war ausschließlich der Wunsch, durch diese Anstrengung viel abzunehmen.
Ich musste zwangsläufig denken: „wenn wir – oder wer auch immer – Leo tatsächlich bis Santiago de Compostela gebracht hätten,
dann wäre das vergleichbar gewesen mit den alten Römern und Griechen, die seinerzeit die Steine und Säulen für die Tempelbauten auf die Berge befördert

haben". Leo war das egal. Er hatte jedenfalls fleißig im Reiseführer gelesen, weiß daher vieles über den Jakobsweg und hat auch das Nötigste an spanisch gut gelernt. Allerdings nimmt man vom lesen und lernen nicht ab und die Füße sind, weil es einfach nicht möglich ist, auch nicht trainiert. – Egal, Leo hatte Spaß dabei zu sein und abends gut zu essen und zu trinken, wie wir übrigens alle.

Also, weil ich die ganze Nacht so schwer getragen habe, gehe auch ich nach dem Frühstück direkt zum Postamt. Alles was ich glaube entbehren zu können, habe ich bereits beim Packen meines Rucksacks herausgelassen und in eine Leinentragetasche gepackt, die ich nach empfohlener Packliste dabei habe. Darum geht es auch sehr schnell. Ich bekomme einen passenden Karton der mittleren Größe, lege meine Tragetasche hinein, zufalten, fertig. Absender ist Werner Sauer; an Werner Sauer in „Lista de Correos" das heißt postlagernd in 15780 Santiago de Compostela. Das Ganze kostete ca. 7,-- €; - nach Deutschland würde das über 40,-- € kosten.


Es ist ein aufbauendes Gefühl, als ich meinen deutlich leichteren Rucksack auf die Schulter nehme......
Etwas anders läuft es bei Leo und Frau von der Ostsee. Es ist ein wirkliches Lustspiel. Sie kommen zum Postamt und nehmen den gesamten Wand – Packtisch in Beschlag. Dort haben sie den gesamten Inhalt ihrer beiden Rucksäcke ausgeschüttet und ausgebreitet wie auf dem „Trödelmarkt"; Schlüpfer, Socken, BH – maxi. Dann diskutierten die Beiden lautstark miteinander, was von diesen Teilen für die „Wanderung" noch

gebraucht wird oder was zu entbehren wäre. Einige Besucher schauen diskret weg, andere jedoch können sich das Lachen nicht verkneifen.

Als Achim kommt, um ihnen mit seinem perfekten spanisch bei der Aufgabe des Päckchens zu helfen, übernimmt er die Organisation dieser Komödie.

Und weil Achim auch sportlich super gut drauf ist, holt er mich nach ca. 1 Stunde wieder ein. Er macht mich darauf aufmerksam, dass hinter uns eine ganze Karawane losgegangen sei, und wenn wir nicht überrollt werden wollten, zügig voranschreiten sollten. Der Weg ist zunächst sehr schön, aber es ist wolkig und frisch.

Heute morgen nach dem Aufstehen hatte ich beschlossen, dass das Wetter so schön wie bisher bleiben sollte; und daher auch meinen Regenponcho, der auch den Rucksack bedeckt und relativ lang ist, in meinem Päckchen mit abgeschickt. Schon kurz nach Mittag, an diesem gleichen Tag, erweist sich meine Entscheidung als absolut falsch. Alle 10 Minuten gibt es einen Schauer – dann wieder Sonne. Das heißt: Schutzhülle über den Rucksack, Regenjacke an – Regenjacke aus. Rucksack runter – Rucksack auf; und immer wieder auch die Regenhaube vom Rucksack rauf und runter, weil ich ja meine Regenjacke darunter verstauchen muss. Mit der Regenjacke länger in der Sonne zu laufen – und das noch angestrengt – ist selbst bei gutem atmungsaktiven Material nicht möglich. Ich beginne dermaßen zu schwitzen, dass ich mir lieber die Verkleidungsübungen antue. Ist ja auch gar kein so großes Problem, denn mein Rucksack ist doch auch 2 – 3 kg leichter geworden.

Auf unserem gemeinsamen Weg an diesem Vormittag, tausche ich mich mit Achim sehr persönlich aus. Er erzählt mir von sich, von den Hintergründen und warum er den Camino geht; und fragt mich auch so nach meinem Beruf und Werdegang. Und ich hatte recht gehabt – Achim lebt in einer Partnerschaft. Sein „Freund" ist Spanier und sie haben oder hatten sich für längere Zeit getrennt, weil sie in dem besagten verflixten 7. Jahr eine Partnerschaftskrise hatten. Achim ist Friseur und hat in Spanien ein Friseurgeschäft betrieben und darum dort sieben Jahre gelebt. Danach ist er zurück nach Köln und hat dort einen Salon eröffnet. Das hat er aber jetzt aufgegeben und ist inzwischen wieder mit seinem spanischen Freund zusammen; aber es ist noch nicht so ganz wieder wie früher. Nun macht er eine Besinnungspause und will hier auf dem Camino seine Entscheidung finden oder treffen, ob er wieder ganz zu seinem Freund nach Spanien geht und dort wieder ein Geschäft aufmacht, oder ob er wieder in Köln ansässig wird. Das hatte er mir etwa in Kurzform schon gestern erzählt, heute ist er allerdings viel offener. Er möchte jedenfalls mit seinen 51 Jahren – ich hatte ihn viel jünger geschätzt – keine Fehlentscheidung treffen oder eine Fehlinvestition tätigen.
Zwischendurch fragt er immer wieder auch nach meinem Leben und den Beweggründen, warum ich den Weg gehe usw. Ich erzähle ihm von unserer Familie, Kinder, Ehe, Hobbys usw. Nach etwa 10 km; hinter

„Torre del Rio" trennen wir uns wieder. Ich gehe Wasser kaufen für die nächsten 11 km; - und er rennt plötzlich so schnell davon, als würde ich stinken.

Erst viel später habe ich gemerkt, dass jeder – aber auch wirklich jeder – immer wieder das Bedürfnis hat, tagsüber alleine zu gehen.

In Viana an der Kirche wartet Achim dann wieder auf mich und freut sich wieder auf einen gemeinsamen Abend (zu sechst, zusammen mit seinen bekannten Pilgerehepaaren).

Als auch der Bus mit Leo und Frau von Ostsee eintrifft, erkläre ich allen, dass es mir noch zu früh ist und ich die nächste Etappe von 10 km bis Logroño noch gehen möchte. Erneut ernte ich als „Renntier" schmunzelnd Anerkennung. Ich verabschiede mich und sage: „wir werden uns in den nächsten Tagen irgendwo sicher wieder sehen". Auf Achim bezogen hätte ich nicht einmal etwas dagegen.

Ein Phänomen, das mir heute nochmals richtig bewusst wird, sind die beiden Wiener, die ich seit dem Flieger ab Palma de Mallorca nach Bilbao; und dort im Bus nach Pamplona schon kennen gelernt habe. Es sind zwei ganz ruhige, ausgeglichene, seriöse Herren. Es erstaunt mich nur ihre „Allgegenwärtigkeit".

Sie sind seit 4 oder 5 Tagen immer da. Schlafen in den gleichen Orten wie ich. Wo ich tagsüber ankomme sind sie auch und 3mal als ich nachmittags am Ziel ankomme, sind sie auch schon da – frisch geduscht und entspannt. Einfach super! Sie sitzen oft mit zwei Österreicherinnen zusammen, z.B. in den Bars; schlafen immer in Pilgerherbergen; obwohl sie sonst „vom Feinsten" leben – trinken meist gute Flaschenweine, Cognac; lesen ruhig und plaudern wie Ärzte, Professoren oder ...?? Auch zu mir sind sie immer sehr freundlich und fragen jedes Mal, ob ich schon eine Unterkunft gefunden hätte – geben mir Tipps und sind einfach sehr nett. In Viana sitzen sie noch in der Bar als ich gehe; und nachdem ich 10 km nach Logroño gegangen bin, sitzen sie schon wieder dort im Garten der Herberge und lesen. Später sagen sie mir, dass sie dieses Stück mit dem Bus gefahren sind.

Der Hostalero in der Herberge von Logroño ist ein sehr netter Franzose. Ich bin zunächst dort hingegangen, weil ich die letzten 5 km mit einem sehr jungen - ganz lieben  Würzburger – gegangen bin. Ich finde ihn ausgesprochen sympathisch, kein Aufschneider, bescheiden und freundlich. Als ich ihn einholte begrüßte ich ihn wie üblich mit: hola und buen camino. Er gab mir eine deutschsprachige Antwort – Natürlich! Ich habe ja meinen Deutschlandhut auf und er seine Bayernfahne am Rucksack. Er ist jetzt seit einer Woche unterwegs, ist von St. Jean piet de port gegangen.
Er erzählte mir über die extremen schweren Wege durch die Pyrenäen ab Frankreich und seine dortigen Erschöpfungszustände. Heute allerdings ist er schon wieder 41 km gelaufen. Ein sagenhafter Junge (ca. 25 Jahre). Er hat die Wanderstöcke zum Geburtstag bekommen und er ist sicher, dass er ohne diese Stöcke, die er immer einsetzt, ein solches Pensum nicht schaffen würde. Bis Samstag muss er in Burgos sein,

weil dort sein Onkel hinkommt. Mit diesem will er außer dem Camino und Finisterre noch weitere 1000 km wandern, um sich einiges Sehenswertes anzuschauen. Er kommt von einem Weingut aus Würzburg und kennt auch das Lokal in Randersacker – wo wir seit Jahren auf der Durchreise in unsere Urlaube übernachten – sehr gut.

Am Ortseingang von Logroño bei der „alten Dame" machen wir gemeinsam eine kurze Pause und ein Photoshooting. Als ihm der französische Hostalero sagt, dass sie zwar vollkommen belegt sind, er aber in der nahe gelegenen Kirche auf dem Boden schlafen könnte, verabschiede ich mich von ihm. Leider weiß ich nicht einmal seinen Namen, hoffe aber, dass ich ihn bis Samstag vor Burgos noch einmal wieder sehen werde.

Er gibt zum Ausdruck, dass auch er fest davon ausgeht, dass wir uns in den nächsten Tagen wieder sehen werden. Wenn er aber weiter morgens um 6.oo Uhr losgeht, wird daraus wohl nichts werden. Es ist nun eben mal nicht möglich, mit jedem den man auf dem Camino trifft, oder den man sympathisch findet, Namen und Adresse auszutauschen, um dann vielleicht in Kontakt zu bleiben.

Dann könnte ich genau so in Dortmund auf dem Westenhellweg ein „Meeting – Point" einrichten, wo Namen und Adressen ausgetauscht werden können. Aber Dortmund ist nun auch mal nicht der Jakobsweg.

Heute Abend bin ich hier in Logroño ganz offensichtlich in einem Fernfahrer – Hotel abgestiegen. Es stehen sehr viele LKW vor der Tür; und es kommen viele dieser Fahrer mit ihren Übernachtungstäschchen herein und nehmen ein Zimmer.

Dies wurde jedenfalls von der letzten Rezeption für mich vorreserviert und es steht auch in meinem Jakobsweg – Reiseführer.

Morgen früh werde ich mit dem Bus oder zur Not auch mit dem Taxi wieder in das Centrum von Logroño fahren, um dort wo der Weg mit Muscheln ausgezeichnet ist, den Camino wieder aufnehmen. Bislang ging der Weg in den größeren Orten eigentlich immer an den Kirchen  vorbei. Das werde ich demnach bestimmt gut finden.

Auf Grund der örtlichen Gegebenheiten muss ich den heutigen Abend nun wohl ohne Pilgeraustausch verbringen. Anstelle des Pilgermenüs bekomme ich hier wohl ein Fernfahrer-Menü. Das ist aber exakt das Gleiche.

Nach dem gut bürgerlichen Abendessen und ½ Flasche Vino tinto komme ich noch mit einem Spanier ins Gespräch, der ganz gut englisch spricht. Er erzählt mir, dass die Zahl der Pilger auf dem Camino drastisch angestiegen ist. Es ist noch früh, denn ab dem 20. Juni sind in Spanien Ferien und Urlaubszeit. Dann würde es nochmals viel voller. Die spanische Region und Wirtschaft ist zwar sehr erfreut darüber; aber sie kommen mit dem Zimmer- und Bettenangebot gar nicht mehr nach. Da hätte ein Deutscher - Comedian ein Buch geschrieben und seit dem kämen auch noch viel mehr Deutsche hierher. Bereits hier weist er mich darauf hin, dass es schon jetzt auf den letzten 200 km vor Santiago de Campostela  jeden Nachmit-

tag zu einer „Schlacht um ein Bett" kommen soll – wie soll das wohl diesen Sommer werden???
Kurz danach gehe ich hinauf in mein Zimmer und schlafe recht bald ein.

## Dienstag / Martes  15. Mai 2007
## Von Logroño nach Najera

Ich habe gut geschlafen im Hostal „Pepa" am Stadtrand von Logroño. Das Frühstück ist sehr unpersönlich- nicht im Restaurant sondern in der schmuddeligen, ungemütlichen Fernfahrer-Bar. 1 Croissant – groß – 1 Muffin und einen Kaffe con Leche. Auf meine Frage oder Bestellung von „Zumo de naranja" ; Antwort: „No". Dieser Mensch war schon beim Abendessen so kurz ab – ja, fast unfreundlich – einfach wie ein Roboter". Er sagt mir dann wenigstens noch, wie bzw. wohin ich gehen muss um mit dem Bus wieder bis in die Stadt nach Logroño zu fahren. Es ist noch nicht mein Sinn, früh am Morgen schon außerhalb der „Piste" über 5 km zu laufen – da wäre ich schon gut eine Stunde unterwegs; auch wenn ich zu diesem Zeitpunkt noch nicht weiß, dass es sowieso wieder 30 km werden sollen. Auch möchte ich früh an den Start weil ich hoffe, den jungen Bayern aus Würzburg wieder zu treffen. Leider Fehlanzeige – verständlich, denn vom Fußboden in der Kirche startet man in jedem Fall viel früher, d.h. so ab 6.oo Uhr.

Der Weg durch das Zentrum von Logroño ist sehr schön. Eine saubere, ich glaube schon Großstadt, mit der bekannten Stierkampfarena. 124.000 Einwohner. Es ist die Hauptstadt des bekanntesten Weinanbaugebietes Spaniens

„ **La Rioja**". Dort steht das Denkmal des Maurentöters. Das war der Apostel Jakobus von Santiago, mit seiner weißen Fahne und dem bekannten roten Kreuz. Entsprechend der damaligen Geschichte aus dem Jahr 844 ist seit der Schlacht der spanischen Truppen des Königs von Asturien gegen die Mauren, Jakobus auch der Schutzheilige der „Reconquista", der Wiedereroberung des bis dahin von den Mauren besetzten Spaniens.

Was mich etwas befremdet ist, dass so viele Menschen, jung und alt; viele junge hübsche Mädels und Mütter, ja mehr als die Hälfte, in Trainingsanzügen herumlaufen. Es scheint hier große Mode zu sein, einen Adidas – Streifen zumindest auf der Hose zu haben. Nur wenige Männer in Anzügen oder Frauen in schicken Kleidern – alle in Jogginghosen oder – anzügen.

Fantastisch sind die vielen Störche in der Stadt. Ich überquere den bekannten **Fluss Ebro**. Auf den Kirchtürmen, die mehr schon nach einer Kathedrale aussehen, sitzen die Störche an jeder sich bietenden Ecke und fliegen um die Kirchtürme wie bei uns die Tauben. Sie klappern dort oben so laut, dass man ständig fasziniert hinauf schauen kann.

Der Weg hinaus aus der Stadt erstreckt sich sehr schön über mehr als eine Stunde auf einem sauberen

„Joggingpfad". Dann wird es wieder ruhiger und auch landschaftlich sehr schön.

Geplant hatte ich ja nur bis Navarette; aber um 12.oo Uhr ist es mir noch viel zu früh um hier zu bleiben, weswegen ich mich zur nächsten Etappe von nochmals 18 km auf den Weg mache. Nur weil der Weg durch die Weinberge nicht so sehr beschwerlich ist, sind heute diese 31 km möglich. Dann reicht es mir aber auch. Ich bin heute den ganzen Tag alleine gelaufen – habe zwar viele Pilger gesehen und getroffen; aber mit niemandem richtig ins Gespräch gekommen. Einmal sprach mich ein George aus Liverpool wegen eines Fotos an. Darauf hin fotografierten wir uns gegenseitig auf einer Brücke, die für ihn aus früheren Jahren eine besondere Bedeutung hat.  Nicht diese Brücke selbst, sondern die Stelle, denn als vor einigen Jahren diese Brücke noch nicht gebaut war, mussten die Pilger hier die „schnelle" Strasse überqueren. Und weil diese breite Strasse auch noch eine unübersichtliche Kurve macht, wären hier häufiger  Pilger angefahren worden; wovon er bei seinem letzten Besuch auch selbst betroffen war. Es soll sogar einige Tote hier gegeben haben.

Also, wieder etwas gelernt, nämlich, dass Brücken nicht nur verbinden, überqueren, Zeichen setzen, sondern auch schützen können. Das machen sie ja schon, wenn man darunter steht.

Ich habe bisher sehr viele Brücken jeder Art fotografiert, weil ich  ursprünglich eine  Geschichte über „Die tausend Brücken nach Santiago de Campostela" schreiben wollte. Das wird nun vielleicht eine separate Abhandlung werden. Es gibt jedenfalls einiges schönes und auch mit Bildern unterlegt, über Brücken zu sagen.

Puente la Reina

Das von mir angedachte Hostal Hispaño II in Najera ist ebenso wie die Herberge auch schon wieder completed (voll). Darum gehe ich in das einzige, auch in meinem Reiseführer genannte Hotel „San Fernando". Weil dort nun auch schon alle habitationes idividual, d.h. Einzelzimmer, ausgebucht sind, muss ich zwangsläufig ein Doppel- als Einzelzimmer zu 55 € + 7 % Steuer, ohne Desayuno nehmen. Das Frühstück nehme ich dann morgen früh in einer netten Bar ein, weit günstiger als hier im Hotel.

Nach dem staubigen und verschwitzten Tag – das Wetter war heute ideal, nicht zu heiß, ein leichtes Lüftchen und den ganzen Tag schöner blauer Himmel; - war wieder „große Wäsche" angesagt. Es ergibt zwar keinen „Kessel Buntes" aber ich steige wieder einmal komplett mit allem (außer Schuhen) in die Badewanne. Dort ziehe ich mich unter laufendem Wasser aus und wasche meine Klamotten in einer Portion angenehm riechender Seife. Dabei weiche auch ich, insbesondere meine Füße gut ein. Dann zwei Wasser-

49

wechsel zum „Klarspülen". Das gefällt meiner Kleidung und auch mir sehr gut. Die Salzränder von Hemd und Hose verschwinden und zum späten Abend ist schon fast alles wieder trocken.

Auch hier in Najera sind unzählige Störche – auf Dächern und vielerlei Masten. Es ist interessant ihnen zuzusehen, wie sie ihren Platz von heranfliegenden oder kreischenden Störchen verteidigen, und dabei klappern sie oft sehr laut.

Weil ich eben schon ein Stück Tortilla gegessen habe, ist mein Hunger gar nicht so groß, so dass ich zum Abendessen nicht ins Restaurant gehe sondern in eine gemütlichen Tapas – Bar in der Altstadt gehe und ein paar kleine Häppchen esse. Natürlich auch einen Vino tinto trinke. So lasse ich es mir heute Abend gut gehen, denn morgen habe ich nur 22 km bis Santo Domingo de la Calzada. Da bleibt mir alle Zeit der Welt für so einen ganzen Tag. Soeben habe ich mir noch einen neuen Chip für die Kamera gekauft mit 512 MB, weil ich viel mehr fotografiere als anfangs gedacht und ich möchte nicht plötzlich in schönster Landschaft da stehen und lesen „full". In dem Lokal fordern mich drei Deutsche, die ich schon mehrfach unterwegs getroffen habe auf, mich zu ihnen zu setzen. Wir unterhalten uns eine Weile. Sie schlafen wieder im gleichen Hotel wie ich. Tagsüber gehe ich im Moment wieder lieber alleine. Manchmal habe ich wirklich keine Lust zum Reden und dann noch die anstrengenden Unterhaltungen mit: Franzosen, Spaniern, Holländern, Belgiern, Engländern, Kanadiern, Schweizer, Australier, Tschechen, „Bayern" u.s.w.; nur Russen habe ich noch nicht getroffen.


## Mittwoch / Miercoles 16. Mai 2007
## Von Najera nach Santo Domingo de la Calzada

Heute Morgen lasse ich mir Zeit. Es sind „nur" 22 km bis Santo Domingo und ich muss nicht wieder so früh dort sein. Habe heute Abend wahrscheinlich auch keine Wäsche und mein Quartier ist bereits reserviert. Außerdem wird der Abend immer so lang, besonders wenn man ihn ganz alleine verbringt.
Der Weg heute ist sehr schön; aber auf einmal tut mir der linke Fuß sehr weh. Weniger die bekannte Stelle im Gelenk, sondern vielmehr der Fußballen. Am Gelenk habe ich ja meine Bandage von Dr. Preuhs; aber jetzt sticht es im Fußballen, als hätte ich eine Nadel oder einen Splitter bzw. Stachel darin stecken.
In **Azofra,** ca. 6 km hinter Najera machte ich Pause in einer Bar, weil ich dringend "Hände waschen muss" – so ist jetzt die feinere offizielle Formulierung für „den Toilettengang". In dieser Bar treffe ich mit zwei Damen zusammen, deren Namen ich schon wieder vergessen habe. Ich nenne sie einfach mal: „Kugel" und „Latte". Die Kugel sagt gleich Du zu mir, weil sie schon einmal hier war, und es eben so üblich ist. Sie

51

kommt ursprünglich aus Dortmund – deshalb hat sie mich angesprochen, weil sie das Dortmunder „woll" wohl wieder erkannt hatte. Nun wohnt sie seit Jahren in Hessen.

Latte stammt aus Bielefeld, wo sie aber auch seit 7 Jahren nicht mehr war. Im Gegensatz zu Kugel sagt Latte immer wieder „Sie" zu mir – ich weiß nicht, ob aus Achtung vor meinem Alter, oder warum. Dafür raucht sie aber in kürzester Zeit 3 Zigaretten direkt hintereinander. Das Gespräch mit mir schien ihnen zu gefallen, weshalb sie mich auch an ihren Tisch baten, obwohl ich am Nachbartisch Platz genommen hatte. Dann waren sie sicher, dass wir uns im nächsten Ort (nach 8 km wiedersehen würden). Im gehen sagte ich noch zu Latte, sie sollte etwas weniger rauchen und dafür mehr essen. Schließlich steht in der Heiligen Schrift am „Jüngsten Tage" nur etwas von der Auferstehung des Fleisches; von Knochen ist da gar nicht die Rede; und wenn sie so weiter machen würde, dann müsste sie liegen bleiben. Wir alle, sogar am Nebentisch, lachten lauthals und so zog ich los, ohne die beiden nach 8 oder gar 16 km in Santo Domingo wieder zu sehen. Dafür aber traf ich dort die schwäbische Renate, von der ich glaubte, dass sie zumindest weitgehend mit Monika ginge, weil ich die beiden an den ersten zwei Tagen zusammen wieder getroffen hatte. Anfangs wusste ich ja gar nicht, dass sie Monika und Renate hießen sondern wir sprachen immer nur von den beiden netten Damen, die schon in Pamplona auch in der Casa Paderborn geschlafen hatten. Nun frage ich sie jedenfalls wie sie und ihre Weggefährtin heißen. Sie sagt mir, dass sie die Renate aus

Stuttgart ist, und dass die andere Monika heißt; aber nicht ihre Weggefährtin ist. Sie geht nun schon ein paar Tage alleine. Monika ist mit einer anderen Pilgerin weiter gegangen, wäre aber auch hier in Santo Domingo. Sie hätte sie vorhin gesehen. Was Renate mir nicht sagt, dass sie mich für den Norbert aus Castrop – Rauxel gehalten hat, der am ersten Tag bei uns gewesen war. Seit der Mittagspause in Uterga oder Muruzubal am ersten Tag habe ich Norbert und Annegret, sowie auch diese beiden netten Damen nicht mehr gesehen. Renate muss noch einmal zurück in ihr Zimmer, weil sie ihr „Credenzial" für den Stempel aus der Herberge vergessen hat. Wir würden uns schon wieder finden, denn so groß ist ja die Altstadt nicht. Ich habe den Eindruck, die Schwäbin Renate sucht Anschluss. Dass Monika schon seit zwei Tagen mit einer anderen weiter gegangen sei, hörte sich nicht so sehr nach einer Sympathiekundgebung an. Aber so ist es eben auf dem Camino. Man geht mal ein Stück gemeinsam, (die einen mehr, die anderen weniger) aber dann trennt man sich immer wieder, weil doch jeder auch gern alleine geht.

In der Herberge, so erzählt mir Renate, hat sie schon wieder keinen Platz mehr bekommen. Darum ist sie in eine Bar gegangen, die in der oberen Etage auch Zimmer vermieteten; also so eine private Pension. Ihr Wirt hat den zuerst genannten Preis  danach sofort von 22 € auf 32 € erhöht, weil in Santo Domingo ein Fest, so etwas Ähnliches wie Himmelfahrt wäre. Da ist es überall teurer. Darüber konnte sich die sparsame Schwäbin überhaupt nicht beruhigen. Darum

hätte sie nun auch vor lauter Ärger und Hektik vergessen, sich in der Herberge ihren Pilgerpass abstempeln zu lassen. Es ist wirklich alles sehr nah hier
in der Altstadt zusammen. Sie möchte mich gleich
wieder treffen, sich irgendwo mit mir hinsetzen und
etwas trinken. Ich konnte mich allerdings nicht dazu
durchringen, sie nun auf ihren Wegen zu begleiten
und meinte, sie würde mich schon wieder finden. In
einer Bar sah ich Luc, Ralf und den Franzosen mit dem
langen Bart. Später sagte man mir, er sei aus Brasi-
lien; wie auch immer, er war übrigens sehr nett und
schlief öfter in dem gleichen Hotel wie ich, aber wir
sind leider nicht so recht miteinander ins Gespräch
gekommen.
Ich bin heute fast den ganzen Tag von Najera aus
alleine gegangen; nur in den Pausen hatte ich Gespräche: a) wie schon erwähnt mit Kugel und Latte, und
mit den 3 Männern, die nur eine Woche gehen und
immer im gleichen Quartier übernachten wie ich. Ich
kenne inzwischen einige, die grundsätzlich Hostales,
Hotels oder Pensionen bevorzugen, als in den über-
füllten Herbergen zu schlafen. Ich sehe unterwegs
öfter 3 Engländer, die sogar ihr Gepäck befördern
lassen, und ebenso wie 8 Schweizer, die auch immer in
vorgebuchten Quartieren absteigen.
Auch treffe ich hier wieder die beiden allgegenwärti-
gen Wiener Hans und Erich, mit denen ich zwei Glas
Wein trinke. Wir unterhalten uns sehr interessant
und die Herren erzählen mir, dass sie von einer Dame
zum Abendessen eingeladen sind. Sie kocht in der
Herberge Spagetti. Nun müssen die beiden noch einen
passenden Wein dazu besorgen und sie sind auch für

den Nachtisch verantwortlich. Darum schlage ich ihnen vor, „Tatar de la Santo Domingo" zu kaufen, welches ich kurz vorher in ansprechender Aufmachung in einem Geschäft gesehen habe.

Vor der abendlichen Pilgermesse schlendere ich noch ein wenig durch die Straßen und kaufe Ansichtskarten. Ich will doch hier schon ein erstes Mal nach Hause schreiben, denn meine Frau und die Kinder freuen sich, wenn sie Post bekommen.
Da sehe ich plötzlich die andere der beiden netten Damen wieder. Es ist Monika aus Bremen. Sie umarmt mich und freut sich sehr, mich nach Tagen so fröhlich wieder zu sehen. Wir plaudern eine Weile und sie will dann gleich auch mitgehen in die Pilgermesse. Anschließend könnten wir zusammen Abendessen. Sie würde in dem Restaurant, über dem sie wohnt einen Tisch bestellen. Die Pilgermesse war nicht so prickelnd, denn sie fand nicht in der Kathedrale statt, sondern in der Kirche gegenüber am Plaza del Santo. Monika ging viel zu früh hinein und war enttäuscht, weil sie von dem „Rosenkranzgebet in spanisch" überhaupt nichts verstand. Das ist hier wohl so üblich, dass vor der Messe immer der Rosenkranz gebetet wird. Die Messe war dann jedenfalls auch alles in spanisch, sodass wir alle kein Wort verstanden haben. Auch Alfred, genannt Freddy der christliche Bayer war in der Messe und ging anschließend mit mir zum Essen.
Wir trafen uns dann zum gemeinsamen „Pilgermenü" und unterhalten uns recht intensiv an einem Vierer-

Tisch, den eine Pilger-Dame freundlicherweise mit uns teilt, sonst hätten wir gar keinen Platz bekommen. Es ist etwa 23.oo Uhr als ich in meinem zwar kleinen, aber doch schönen neuen Hotelzimmer sitze. Ich bin mir nicht im Klaren, ob ich schlafen oder noch schreiben soll. Es ist wirklich von heute noch  so viel zu notieren, so dass ich mich mit dem Block in mein Bett setze; um wie sonst beim Lesen, bei Bedarf dann einzuschlafen. Ich wüsste ja noch stundenlang etwas zu schreiben; aber wer soll denn das dann hinterher alles lesen???

Viele machen Notizen oder schreiben abends noch Tagebuch. Monika aus Bremen hat vor dem Abendessen fleißig geschrieben. Sie hat uns erklärt, dass sie diese Handaufzeichnungen noch zusätzlich macht. Eigentlich hätte sie schon alles im Computer, weil sie, sofern ein Internet-Cafe oder eine sonstige Möglichkeit sich bietet, dort sofort alles „hineinhaut". Ach viele Herbergen haben schon Internetanschlüsse – manchmal mit Münzzähler.   So kann ihr Mann  oder ihre Freunde immer alles sofort aktuell lesen. Das wäre unter **http://monikas-camino.blog.de** zu finden und jeder könnte darauf zugreifen. Soeben beim Hinausgehen hat sie mir ihre Visitenkarte gegeben; mit Adresse, Email, und ich könnte, wenn ich nach hause komme dort ihren Bericht im Internet lesen.   Monika war selbständig gewesen – und hat sich nun, wie sie sagte, in den Ruhestand geschickt. Sie ist 2 x Oma – hätte man eigentlich noch gar nicht vermutet – aber alles sei bei ihnen sehr jung und früh erledigt worden. Ihr Mann war wohl krank. Wo der Hauptgrund für ihren Camino war, dazu wollte sie sich in dieser Runde aber wohl nicht auslassen. Sie meint, wir sehen uns sicher ja noch einmal wieder – vielleicht, denn ab Burgos bin ich wieder weg. Und ansonsten könnte ich ihr auch mal schreiben. Werde ich wohl machen, denn sie ist schon sehr sympathisch – auch wenn sie in der Kirche noch gar nicht gemerkt hat, dass dies noch gar nicht die Messe war, wo sie sich fast eine halbe Stunde das „Genuschel" des spanischen Rosenkranzes angehört hat. Dann ist sie gelangweilt oder genervt gegangen. Danach fing die Messe an.

Alfred / Fredy der christliche Bayer kommentierte dies knapp: „wer zu Hause nicht in die Kirche geht, braucht hier damit nun auch nicht anzufangen. Er für seinen Teil braucht diese Messe allerdings regelmäßig und geht jeden Sonntag in die Kirche. Monika gegenüber war dies sicher nicht ganz fair; aber wir wussten zu diesem Zeitpunkt auch noch nicht, dass sie evangelisch war. Woran sollte sie da erkennen, wann es sich um eine katholische Messe handelt. Ich fand es schon toll, dass sie überhaupt immer mit in die Kirche gegangen ist und sie war ja auch sehr christlich eingestellt.

Die Messe war wieder genau so trist wie gehabt – ja noch schlimmer. Keine Orgel, kein Gesang, keine Klingel, kein Latein – nur spanisch und das noch sehr schnell, kein Pilgersegen, kein Stempel – na gut; soll ja dennoch nicht schaden.

Renate aus Stuttgart war nicht zum Abendessen gekommen. Sie hatte es sich kurzfristig wieder anders überlegt und war in eine nahegelegene Tapas-Bar gegangen, und - wie Monika es nannte – die letzten Tapas, die weg mussten gegessen, und wollte darum auf das Restaurant-Menü verzichten.

Dafür saß aber Elfi aus Stralsund mit am Tisch. Sie geht zwar auch diesen Weg, heute aber mal nicht und sie muss auch nicht nach Santiago – mal sehen – vielleicht. Damit konnte ich nun wirklich überhaupt nichts anfangen. Für sie ist nur wichtig, dass sie am Schluss 2 Wochen in Bilbao bleibt, denn dort lebt und arbeitet ihre Tochter z. Zt. – Hätte sie doch sofort nach Bilbao fliegen und dort bleiben sollen; schon sehr bemerkenswert – komische Tante.

Nach dem Abendessen haben wir noch eine Zeit lang bei dem Rest der zweiten Flasche Rotwein gesessen und geplaudert. Ich habe auch von unserer Familie erzählt, und das meine Tochter Daniela jetzt in Düsseldorf wohnt und in der nächsten Woche am 27. Mai, an unserem 35. Hochzeitstag, Geburtstag hat.

Darauf empfiehlt mir Monika, wenn wir Daniela einmal etwas Ausgefallenes schenken möchten, „Das Kriminaldinner" – mehr darüber sei im Internet und dieses Esstheater soll es in Düsseldorf auch geben.

Die drei Gladbecker, die ich immer wieder treffe, gehen nur den Weg bis Burgos und fliegen ab dort wieder nach hause. Schade eigentlich, sind sympathische Typen, immer nett und freundlich mit etwa dem gleichen Laufrhythmus wie ich und auch reine „Hotelschläfer". Sie wollen den Jakobsweg nur mal sehen, sich ein Bild machen um mitreden zu können, wenn man das nach ca. einer Woche schon kann?- dennoch laufen sie ja über 200 km.

Wenn ich die beiden Wiener Hans und Erich heute nachmittag richtig verstanden habe, wollen sie auch das Stück Burgos – Leon fahren. Wäre ja ganz schön, wenn ich wenigstens die zwei von den bisher bekannten Gesichtern weiter sehen würde. Aber wenn nicht – man trifft immer wieder interessante, nette Menschen.

Heute unterwegs haben wir gesehen, dass ein Stück vor Santo Domingo ein vollkommen neuer kleiner Ort entsteht. Eine Vielzahl neuer Häuser und ein Golfclub. Das sollen bestimmt keine Zimmer für die Pilger werden, aber inzwischen sind ja hier auch schon alle Hotels und Hostales ausgebucht. In einer Bar habe ich mit den drei Gladbeckern zusammen Mittag gegessen. Vorher habe ich mir draußen auf der Bank die schmerzenden Füße mit „Hirschtalg" eingecremt und eine halbe Stunde die Schuhe ausgezogen. Das hat gut getan und dann ging es wieder.

Es ist schon ein ganz anderes Gefühl, wenn man auf so einem Weg nach sehr kurzer Bekanntschaft immer wieder denkt – wo „der" wohl jetzt ist, wo „die" wohl abgeblieben ist; und wenn man sich dann irgendwann wieder sieht, - so wie heute Monika – und wir uns sofort in den Arm nehmen, dann hätte ich diesen Emotionsfunken vorher nicht geglaubt, oder zumindest nicht verstanden. Genau so würde ich mich freuen, nach so kurzer Bekanntschaft, Annegret und Norbert wieder zu treffen. Zu Hause hätte man das mit der bekannten Handbewegung „abgehakt".

**Donnerstag / Jueves 17. Mai 2007**
**Von Santo Domingo de la Calzada nach Belorado**

Weil ich heute den ganzen Tag alleine gelaufen bin und auch nichts Besonderes erlebt habe, gab oder gibt es auch nicht viel aufzuschreiben – dachte ich.
Die Wirte in meinem Hostales der letzten Nacht in Santo Domingo waren sehr nett. Auch mit dem Frühstück gaben sie sich Mühe. Ich durfte sogar meinen Kaffee con Leche selbst nehmen, da konnte ich endlich einmal weniger Milch nehmen. Ich mag den Kaffee nämlich gar nicht so hell. Dazu bekam ich eine ganze Karaffe frisch gepressten Orangensaft / Zuma de naranja; ein ganz kleines Brötchen, ein Muffin und noch Weichkuchen. Danach hat sich der Wirt lange und intensiv bemüht, für mich ein nächstes Zimmer in Belorado zu finden. Er hat oft und lange telefoniert. Wenn ein Hotel schon so schwierig ist kann man sich gut vorstellen, wie der Run auf die Pilgerherbergen abläuft, wo 30 – 50 (manchmal sogar 100) Pilger immer schon ihre Rucksäcke der Reihe des Eintreffens nach aufgestellt haben, um noch ein Bett zu bekommen. Viele sind von vorn herein schon zufrieden, wenn sie nur einen Platz auf dem Boden für ihre Iso-Matte bekommen. Und kurz nach der Öffnung hängt dann an der Herberge bereits wieder ein Schild: „completed"
In Belorado heute gibt es sogar 3 Herbergen – und alle drei sind voll. Es sollen saubere Herbergen sein, mit netten Innenhöfen. Eine sogar mit einem kleinen Swimmingpool im Garten. Trotzdem suchen viele eine Pension oder Privatquartier. Irgendwann wünscht sich jeder einmal wieder seine private Intimsphäre. Sich

richtig zu duschen oder zu baden, sich eincremen und pflegen und dann auch ruhig zu schlafen.

Auf den letzten 3 – 5 km hole ich Ralf ein. Weil es bergauf geht, ist er wieder sehr langsam. Er ließ mich kurz trinken, denn dazu brauche ich entweder Hilfe, oder ich verrenke mir die Arme, kriege meine Trinkflasche nicht wieder seitlich in den Rucksack, oder ich muss ihn immer abnehmen. Dann marschiere ich weiter und überhole kurz danach Renate. Wieder ein Stück weiter sitzt Monika, meine Lieblingspilgerin, am Straßenrand. Sie ist etwas erschöpft, muss etwas essen und will auch noch einen Moment ausruhen. Ich erzähle ihr, dass mir soeben die Schließe des Halsbandes für mein Kreuz gerissen ist, welches ich im letzten Jahr in Marktl kurz vor dem Papstbesuch gekauft hatte. Monika wusste sofort Abhilfe zu schaffen und hatte ein dünnes Lederbändchen für solche Zwecke zufällig im Rucksack. Ich nahm es dankend an und band mir meinen „Glücksbringer" wieder um; dann ging ich weiter. Mathias, der Physiotherapeut aus Geseke und Ralf blieben sofort in der ersten, neuen Herberge am Ortseingang. Beide sind auch heute nicht mehr in den Ort gekommen, denn keiner hat sie mehr gesehen. Ein Stück weiter, direkt vor der Kirche, war eine weitere Herberge und auch mein Hostales, ganz rustikal aber nett; - insbesondere auch das Besitzerehepaar.

Heute Morgen habe ich geglaubt, die Geschäfte machen um 9.oo auf aber das war wohl nichts. Gegenüber einem „Tabaco-Laden" war ein Kiosk. Ich gab dem Kioskverkäufer Geld und bat ihn, Briefmarken zu kaufen und die Karten für mich abzuschicken.

Auch den Hahnen – Sticker habe ich nicht bekommen, weil die Geschäfte so spät öffnen.

Ich hoffe, dass der nette Spanier aus dem Kiosk die Briefmarken gekauft und die Karten abgeschickt hat. Ich werde ganz sicher noch einmal schreiben. Aber warum sollte dieser junge Spanier die Karten nicht abgeschickt haben? Es hat doch bis jetzt hier alles funktioniert und noch keine wirkliche Enttäuschung gegeben. Wegen dieser Briefmarken und dem Hahnensticker habe ich heute Morgen so lange gewartet. Wegen dieser Verspätung bin ich dann auch sehr schnell und 6 Stunden in einem Stück durchgegangen. Das hat mich ganz schön geschlaucht.

Nachdem ich mich nach diesem anstrengenden Tag (23 km) geduscht und eingecremt habe, trinke ich zunächst zwei kleine Fläschchen Bier bei meinen Wirtsleuten. Dann gehe ich auf mein Zimmer, lege mich auf mein Bett und schlafe sogar für eine $\frac{3}{4}$ Stunde ein. Ich telefoniere mit Daniela und danach mit Gabi.

Heute bin ich richtig „kaputt". Entweder macht das die Hitze, oder man hat gelegentlich mal so einen Durchhänger. Das ging aber, wie ich kurz darauf hörte, nicht nur mir so. Alle stöhnten und waren erschöpft. Gabi liest ja inzwischen immer im Internet, was Monika so schreibt. So erfahre ich von Gabi, dass auch Monika noch ein ausgiebiges Wannenbad nehmen will. Sie hatte sich mit ihrem „blonden Engel Linda" ein preiswertes Hostales gegönnt.

Es war genau die blonde Dame, die mich heute Morgen in Santo Domingo angesprochen hat, als ich auf der Bank saß und Karten schrieb: „Do you speak english?" Ich sagte: „Yes, aber auch deutsch". Wir lachten und ich half ihr eine Bar zu finden, wo sie frühstücken konnte. Danach ist sie, - es war schon 9.oo Uhr mit dem Bus gefahren. Linda war wegen der Busfahrt früh in Belorado und konnte so für die Damen ein Zimmer besorgen.

Am frühen Abend, oder besser gesagt etwa um 19.00 Uhr gehe ich zum Plaza Mayor. Im Pilgerbüro kaufe ich einige weitere Ansichtskarten. Damit soll es dann auch genug sein. Daniela hatte ich ja bereits morgens geschrieben.

Ich bin noch nicht fertig mit dem Schreiben meiner Karten, da kommt Monika über den Plaza Mayor. Sie haben in dem anderen Lokal gegenüber einen 10er Tisch aufgemacht und daran auch für mich einen Platz reserviert. So haben wir heute relativ früh zu Abend gegessen: Vorspeise „Paella", dann Fisch mit Pommes, und als Nachtisch Yoghurt. Eine Flasche Wein dazu – natürlich zu zweit. Danach sind dann alle sofort nach Hause gegangen; - die „Herbergskinder" müssen ja eh immer um 22.oo Uhr ins Bett, sofern sie noch ein solches mitbekommen haben und nicht auf der Iso-Matte auf dem Boden schlafen müssen.

Meine Wirtsleute sitzen noch draußen als ich komme; und so trinke ich mit meinem Hostales – Señor noch Einen;  und schreibe dabei den Rest der Karten fertig. Frau „ Verdeancho"; so hieß jedenfalls das Hostales; bot sofort an, dass sie die Karten für mich einwerfen würde und ich deswegen nun heute nicht mehr zum Briefkasten laufen sollte.

Dafür, dass ich für heute eigentlich wenig Notizen gemacht habe, weil ich, wie ich meinte, nicht besonders viel erlebt hätte, ist es nun doch noch ein ganz ordentlicher Etappenbericht geworden.

**Freitag / Viernes  18. Mai 2007**
**Von Belorado  nach  Burgos**

Um 6.oo Uhr bin ich ausgeschlafen; und um 7.oo Uhr abmarschbereit. Das Frühstück ist sehr nett serviert – das Angebot wie immer. Heute bin ich früh, aber die meisten gehen ja immer schon um sieben Uhr.
Nach etwa einer halben Stunde hole ich Renate aus Stuttgart ein. Nachdem wir uns eine Weile unterhalten, habe ich schon den Eindruck, dass sie etwas traurig ist, nun immer alleine gehen zu müssen und auch für abends keine Bezugsperson hat. Dennoch wiederholt sie mehrfach, dass ich ruhig schon flotter weitergehen könnte; ich wäre ja bekannt als schnelles „Renntier". Ich gebe zum Ausdruck, dass ich heute schon bei ihr bleiben will, wenn sie das momentane

Tempo beibehalten würde. Das bedeutet, ich gehe langsamer und sie bemüht sich Schritt zu halten. So lange es eben ist, oder nur leicht bergan geht, gibt sie alles. Dann kommt allerdings ein über mehr als 2 Stunden anhaltender steiler Anstieg bis auf 1200 m. Dabei baut sie total ab. Ich warte einige male; aber dann kann ich wirklich nicht mehr so langsam gehen.

Ich gehe in meiner gewohnten Gangart weiter und hole alle, die uns vorher überholt haben wieder ein. Irgendwann erreiche ich auch Monika mit ihrem blonden Engel Linda und plaudere fünf Minuten mit ihnen. Sie gehen auch ziemlich langsam und weil ich heute noch einiges mehr vorhabe; nämlich über das eigentliche Ziel „**San Juan de Ortega**" hinaus und irgendwie weiter bis Burgos, verabschiede ich mich und marschiere weiter. Wir drücken uns noch einmal, falls wir uns wirklich nicht mehr sehen sollten. Falls alles planmäßig läuft, wollen Monika & Co bis zum vorgesehenen Etappenziel „ San Juan de Ortega" gehen.

Dies ist kein Ort, sondern nur die Kirche und die angeschlossene Herberge. Im gleichen Gebäude befindet sich eine ganz kleine Bar für nur ein paar Personen und einem spärlichen Angebot. Die Beschreibung hört sich ja gut an; denn im Reiseführer steht, dass der dort ansässige Pfarrer sein Leben in den Dienst der Pilger gestellt hat, ganz in der Tradition des heiligen Juan de Ortega. Er ist schon recht alt und macht dort fast alles alleine. Nur dank seines Einsatzes und der Spenden kann diese Herberge noch bestehen. Die Pilgermesse am Abend wird praktisch ausschließlich für die Pilger gehalten, denn sonst wohnt hier niemand. Nach der Messe lädt der Pfarrer zu einer deftigen Knoblauchsuppe ein, die er immer noch selbst kocht. Morgens macht er für die Pilger einen heißen Milchkaffee. Nur sein Alter und gesundheitliche Probleme könnten ihn von seiner Lebensaufgabe, der Pilgerbetreuung abhalten, dann helfen ihm seine beiden Schwestern.

Auf diesem eigentlich netten Rastplatz mache ich eine Pause, trinke etwas und esse zwei Müsliriegel und einen Apfel, den ich mir morgens mitgenommen habe.

Auch Luc, mit dem ich das letzte Stück bis hierher gegangen bin erkennt sehr bald, dass er hier nicht die vielen Stunden des restlichen Tages verbringen möchte und will daher noch ein oder zwei Orte, etwa bis „Atapuerca" weiter gehen. Nur wenige Minuten, bevor Lug und ich weiter gehen wollen, kommt zuerst Monika und Linda, und kurz danach Renate, die auch eigentlich vor hatte, mit mir noch bis Burgos zu kommen; dann aber doch etwas langsam zurück geblieben war. Sie sah schon recht erschöpft aus, so dass ich mir kaum vorstellen konnte, dass sie noch weiter gehen würde. Sie hält aber an ihrem Vorhaben fest und will auch nur eine etwas längere Pause machen. Es ist ja noch sehr früh, etwa 14.oo Uhr und da kann man schon noch einiges laufen.

Mit Luc zusammen verlasse ich San Juan de Ortega; aber kurz danach trennen sich unsere Wege. Weil ich heute noch bis Burgos möchte, gehe ich die in manchen Karten eingezeichnete Alternativstrecke zunächst entlang der Strasse nach Santovenia de Oca.

Das sind etwa 5 bis 6 km. Ein Stück weiter treffe ich auf die Hauptstrasse N 120 die rechts ab nach Burgos führt.

Hier muss ja auch der Bus fahren, aber leider ist an dieser Kreuzung keine Haltestelle; nur eine große Raststätte mit reichlich LKW-Betrieb, ich glaube sogar ein Motel. Entlang der linken Straßenseite geht der Fußweg, der dann auch wieder die Wegweiser mit Muschel für den Jakobsweg zeigt. Hier entlang gehe ich nochmals ein paar Kilometer bis zum Ortseingang **„Zalduendo"**. Ich sehe den Kirchturm, wie immer mit Storchennestern darauf, daneben eine Bar und auf der anderen Straßenseite eine Bushaltestelle. In der Bar möchte ich  nach dem Busfahrplan fragen und etwas trinken; vielleicht sogar eine Kleinigkeit essen. Der Wirt schaut auf seinen Plan und auf die Uhr. Dann gibt er mir zu verstehen, dass ich weder Zeit zu essen, noch etwas zu trinken hätte. Ich soll schnell hinüber gehen, denn der Bus kann jede Minute kommen und er würde wahrscheinlich nur anhalten, wenn dort jemand steht. Besonders freundlich bedanke ich mich, gehe hinaus und sehe auch schon den Bus kommen.

Das hat ja ganz fantastisch funktioniert – und so fahre ich für 1 Euro die 12 km bis zum Busbahnhof nach Burgos. Diese Busfahrt ist auch nach dem Reiseführer so empfohlen, weil die letzten 10 km zur Stadt nur durch unschönes Industriegebiet führen.  Das ist ganz nahe / fast im Centrum. Man geht nur über die historische Brücke und ist schon am Altstadttor kurz vor der Kathedrale.

Nach dem, was ich in den letzten 8 Tagen gesehen habe, kommt mir **Burgos** im ersten Moment wie eine Weltstadt, vielleicht wie Paris, London oder ähnlich, vor. Das täuscht mich allerdings etwas, denn Burgos hat 163.00 Einwohner, aber immerhin - es ist wirklich die Stadt mit den meisten erstklassigen Sehenswürdigkeiten auf dem gesamten Jakobsweg. Die Kathedrale aus dem 13. Jahrhundert ist gewaltig und auch das darin befindliche Museum.

Im Hotel España direkt in der Altstadt habe ich ein Zimmer bekommen. Nicht schön; aber ein Einzelzimmer mit Bad - und zum Schlafen reicht es aus. Nach meiner obligatorischen Wäsche marschiere ich mit meinem Fotoapparat los. Ich bin zufrieden und gut drauf. Die Stadt ist voller Touristen und Pilger.
Bei meinem Rundgang zur Kathedrale und in der unmittelbaren Altstadt könnte ich allein hier 100 Fotos machen. Ich sehe noch zwei Hochzeiten und eine große Gemeinschaftstaufe von ca. 15 Kindern. Die Hochzeitsgäste sind alle sehr gut und modern gekleidet. Sowohl die Damen mit ihren Hüten und den passenden oder entsprechenden „Gewändern" und schicken Schuhen, wie auch die Herren im feinsten „Zwirn". Dafür gibt man hier offensichtlich sehr viel Geld aus und wer aus der Umgebung etwas auf sich hält, der heiratet in Burgos in der Kathedrale; bzw. lässt sein Kind dort taufen. Um 18.oo Uhr war ich in der Messe; und um 20.oo Uhr kommt der Pfarrer, der mich wie-

der erkennt im Pavillon an der Kathedrale, wo ich zu Abend esse, zu mir an den Tisch. Wir unterhalten uns kurz – in englisch – und haben beide Freude, dass Christen und Pilger so glücklich sein können. Er bedankt sich noch, dass ich in der Messe geblieben bin, obwohl ich fast nichts verstehen konnte, dann geht er weiter.

Nun telefoniere ich wie jeden Abend mit Gabi. Sie will mich nun immer auf dem Laufenden halten, was aus meiner bisherigen „Pilgerfamilie" geworden ist, wo sie sind und was ab morgen so ca. 180 km hinter mir passiert. Weil Monika ihr Tagebuch in Kurzfassung ja fast täglich in ihre blog. Datei ins Internet schreibt, kann auch Gabi das lesen und mir berichten.


In San Juan de Ortega hatte ich mich heute Mittag noch einmal – wohl das letzte Mal - von Monika verabschiedet, denn nun werden wir uns ganz sicher, außer vielleicht irgendwann in Bremen oder Cuxhaven, nicht mehr wiedersehen.

Linda räumte ein, dass wir uns eventuell in Santiago de Campostela wieder sehen könnten, weil sie auch spätestens am 10. Juni zurückfliegen und am 11. wieder arbeiten muss.

Nun bin ich hier in Burgos, sehe soeben die 4 Bayern, die in Santo Domingo im gleichen Hotel wie ich geschlafen hatten.

Sie sind von San Juan de Ortega mit dem Taxi hierher gekommen, weil dort überhaupt nichts ist und weil sie diese Zeit besser nutzen möchten, um sich Burgos anzusehen. Sonst werde ich wohl von der alten Truppe niemanden mehr sehen – außer vielleicht Luc, wenn er morgen bis Mittag hier eintrifft, denn mein Bus geht erst um 16.oo Uhr, so lange werde ich mir hier noch die Stadt anschauen. In Leon wird es dann wieder neue Pilger geben.

Ich weiß eigentlich nicht so recht warum; aber ich bin heute Abend so absolut zufrieden. Nachdem ich mit Gabi telefoniert habe, wird es mir langsam immer klarer. Sie war übrigens mit Mutter in Holzwickede auch um 18.oo Uhr in der Kirche. Es war auch Messe für ihren Vater.

Nachdem ich nun doch noch ganz schöne Meter in der Stadt gelaufen bin, schmerzen mir schon die Füße. Die Hüfte und die Schultern habe ich nach kleinen Problemen wohl weitgehend im Griff. Ich setze mich noch einmal vor der Kathedrale draußen an eine Bar und bestelle mir noch eine große Karaffe Vino de la casa und aqua minerale. Um 22.3o Uhr bin ich „pilger-müde" und gehe schlafen. Morgen kann ich ja noch den ganzen Vormittag hier in Burgos verbringen.
Obwohl ich müde bin, kann ich gar nicht einschlafen und denke noch etwas über das erlebte nach. Fast glaube ich, dass ich meine Notizblocks bald wirklich nach hause schicke, sobald ich neue kaufen muss. Gabi hat mir versprochen, sie nicht zu öffnen und nicht zu lesen. Manchmal glaube ich, dass man nur so viel schreibt, wenn es ein Ersatz für eine Unterhaltung sein soll. Ich schreibe eben einfach alles auf was ich denke und was man sich sonst erzählen würde. Auch möchte ich nichts vergessen.

Was davon wirklich geschrieben bleibt ????  und wer wird das alles lesen ???

Ich könnte und werde ab Leon vielleicht auch einmal mehr über die Wege schreiben. Allerdings kann ich das aber auch sehr gut durch meine vielen Bilder nachvollziehen und so schön, wie es oft wirklich ist, kann ich es gar nicht beschreiben.

Der Weg heute zum Beispiel war wieder traumhaft schön. So fantastisch große und blühende Heidebüsche habe ich noch nie gesehen. Der gesamte Höhenweg war voller schön blühender Sträucher und Blumen.

Bestimmt ist genau deswegen auch eine Film oder Medienfirma „Multivision Michael Murza" aus Miltenberg dort und machte Aufnahmen von den Pilgern auf diesen unendlich langen Wegen inmitten dieser schönen blühenden Vegetation und Landschaft. Vielleicht sollte ich dort einmal nach zwei oder drei schönen Bildern anfragen, wenn ich wieder zu hause bin.

Auf dem Höhenweg nach **Villafranca Montes de Oca** bis zur **Passhöhe „Puerto de la Padraja" in 1150 m** befand ich mich inmitten einer bezaubernden Landschaft. Der Aufstieg war natürlich entsprechend beschwerlich. Bei einer kurzen Verschnaufpause holte mich Luc ein.  Ich sagte ihm, dass ich es bewundere und toll finde, wenn sich die jungen Leute – wie mehrfach erlebt – ausschließlich in englisch unterhalten. Auch dann, wenn nur zwei Deutsche miteinander sprechen.

Es ist längst klar geworden, dass sie es aus reiner Rücksichtnahme oder Höflichkeit gegenüber den Leuten aller anderen Nationen; wie hier Belgiern, Luxemburger, Holländer, Brasilianer, Franzosen, Australier und viele andere mehr, so halten. Niemand sollte das Gefühl haben, das er irgendetwas nicht verstehen sollte.

All diese zwischenmenschlichen Beziehungen sind so schön – es ist kaum zu beschreiben.

Mit diesen Gedanken schlafe ich dann irgendwann ein.

**Samstag / Sábado  19. Mai 2007**
**Burgos Stadtbesichtigung / nachmittags mit dem**
**Bus nach Leon**

Heute Morgen lasse ich mir mal wieder Zeit. Ich sortiere meine „sieben Sachen" in meinem Mini-Zimmer im Hotel España direkt im Zentrum der Altstadt und nahe der Kathedrale. Meine „große Wäsche" ist komplett wieder trocken. Weil alles jeweils auf einem Bügel direkt vor dem Fenster hängt, ist das bei diesem schönen Wetter kein Wunder. Als ich gestern das Fenster öffnen wollte, damit meine Wäsche an der Luft schneller trocknen sollte, fiel mir sofort der restliche noch vorhandene Fensterkitt entgegen. Das Fenster ist so undicht, dass es keinen Unterschied macht, ob es auf oder geschlossen ist. Der Luftzug zieht auch so durch meine Kleidung, dass ich es ruhig geschlossen halten kann. Das habe ich natürlich in der Nacht heftig zu spüren bekommen. Darum habe ich auch noch so lange wach gelegen. Es war inmitten der Fußgängerzone so laut, dass ich meinte, ich schliefe auf der Strasse. Die Spanier; aber ebenso die Touristen, gehen sehr spät, oder besser gesagt früh schlafen und sind miteinander sehr laut. Drei mal habe ich versucht, mein Fenster besser oder richtig zu schließen. Dann habe ich nachgeschaut, ob hinter der Übergardine vielleicht ein Loch in der Wand ist. Alles Fehlanzeige; - und darum habe ich eben sehr wenig und schlecht geschlafen.

Ich nehme es gelassen, denn ich habe ja heute keinen so anstrengenden Tag. Den Rucksack deponiere ich im Hotel an der Rezeption. Nun laufe ich durch die Altstadt und frühstücke in einer netten kleinen Bar vor der Kathedrale. Ich besichtige die Kathedrale, den Chor-Umgang mit ihren zahlreichen Kapellen in den Seitenschiffen und im Kreuzgang. Ebenso das bekannte, ja einmalige Museum mit seinen wunderschönen Kunstwerken. Dann bummle ich durch die kleinen Gassen und betrachte die Geschäfte, die Schaufenster und die interessanten Gebäude und trinke noch einmal einen Kaffee con Leche.

Da sehe ich plötzlich Renate frisch und fröhlich ohne Rucksack. Sie freut sich ebenso, mich zu treffen und erzählt mir in ihrer schwäbischen Mundart, dass sie gestern nach einer etwas längeren Pause in San Juan de Ortega, so wie sie es vorhatte auch noch bis hierher nach Burgos gekommen ist. Sie war den gleichen Weg an der Strasse entlang gegangen wie ich, - nur nicht so weit. An dem großen Rastplatz, den ich beschrieben habe, ist sie in die Raststätte gegangen und hat gefragt: ob, wo und wann ein Bus nach Burgos fahren würde. Die Kellnerin sprach kurzerhand ein paar Sätze mit zwei Spaniern, die dort einen Kaffee

tranken und teilte Renate freudig mit, dass die beiden „Seniores" sie nach Burgos mit dem Auto mitnehmen würden. Ich weiß es nicht mehr ganz sicher, aber
ich glaube sie sagte, es sei ein LKW gewesen.

So ist Renate von den beiden Spaniern direkt bis zum
Anfang der Altstadt nach Burgos gekommen und war
gestern gar nicht mal  viel  später hier gewesen als
ich. Nun will Renate auch in die Kathedrale und in das
eigentlich zum „Pflichtprogramm" gehörende Museum.
Darum laufe ich weiter allein durch Burgos und wenig
später begegne ich mit großem Jubel: Monika, Linda,
Kathrin und Luc und Alfred. Es scheint, als könnten
wir uns einfach nicht trennen.

So erzählen sie mir, dass sie gestern Mittag in San
Juan de Ortega in der Pilgerherberge wohl einge-
checkt hatten – als ich noch dort war – dann sei ihnen
aber nach einiger Zeit und Erholungspause bewusst
geworden, dass sie jetzt hier bis zum Abend sechs
und mehr Stunden festsitzen würden. Es gab nichts
zu besichtigen und auch sonst nichts zu tun. Da haben
sie sich kurzerhand in der Herberge wieder abgemel-
det, und sind den gleichen Weg über Santovenia bis
nach Zalduendo zur Bushaltestelle gegangen; und ab
dort genau wie ich, nur ca. 2 Stunden später, gestern
noch mit dem Bus hierher nach Burgos gekommen.

Die Freude ist wieder einmal groß; aber als ich dann
die Story von Renate erzähle mit der Anmerkung,
dass Renate ja wohl die cleverste von uns allen sei;
denn sie ist nachmittags nur noch die halbe Strecke
gelaufen und ist dann kostenlos von zwei Spaniern mit
dem LKW hierher gebracht worden – da krümmen sich
alle vor lachen.

Als Renate dann später bei uns auftaucht, musste sie die ganze Geschichte noch einmal ganz ausführlich zur allgemeinen Belustigung vortragen – und sie ist mächtig stolz darauf.

Es ist inzwischen Mittag und wir sitzen auf der Promenade zwischen dem Fluss und der Altstadt. Da bestellte ich eine Abschiedsrunde und verabschiede mich nun zum – ich weiß gar nicht mehr - zum wievielten Mal.

Ich habe den Eindruck, dass Linda vielleicht gerne mit mir bis Burgos gefahren wäre, denn wir haben ja für den Rest etwa den gleichen Zeitplan – und alles laufen kann sie in der Zeit nicht. Sie muss aber in jedem Fall heute Abend ihre Freundin Kathrin am Nachtzug nach Paris verabschieden, denn die ist extra mitgekommen, um Linda beim Einstieg in der ersten Woche zu begleiten. Sich dann gleichzeitig auch noch von Monika zu verabschieden, das wäre wirklich etwas viel verlangt. Monika hat Linda – ihren blonden Engel – nun schon nach Bremen eingeladen und die beiden sind wie ein Herz und eine Seele. Man soll es nicht glauben, wie hier in acht Tagen solche Freundschaften entstehen können. Also bleiben die drei erst einmal noch zusammen.

Auch Ralf fährt heute Abend von hier mit dem Nachtzug über Paris zurück nach hause. Dann wird sich auch für Mathias aus Geseke wieder ein neuer Gefährte finden;

obwohl wir doch alle den größten Teil jeden Tages alleine gegangen sind.

Nun gehe ich zum Hotel „España" und hole meinen dort abgestellten Rucksack und meine Stöcke. Auf diesem Weg sehe ich noch Irene aus Holland, den bärtigen Brasilianer und die beiden Wiener Hans und Erich wieder. Sie suchen noch ein Zimmer in Burgos. Auch Harry aus Kanada habe ich eben wieder gesehen. Wir verstehen uns einfach sehr gut in englisch und es macht mir Spaß, mich mit ihm zu unterhalten. Der Abschied tut schon ein bisschen weh, denn wir haben ja so einiges gemeinsam erlebt und auch gemeinsam „gelitten"; und das schweißt doch zusammen. Ich glaube, das ist vergleichbar mit den Kindern und Jugendlichen zu hause, wenn sie sich nach einem Zeltlageraufenthalt trennen müssen. Da habe ich oft Tränen fließen sehen.

Auf dem Weg zum Busbahnhof sehe ich Linda, Monika und Kathrin vor einem Lokal sitzen und einen Salat essen. Ich bleibe nun nicht mehr stehen, winke mit meinem Taschentuch und wir alle tupfen uns, wie es sich bei einem „schmerzhaften Abschied" gehört, die Tränen ab.


Ich sitze nun in dem Bus von Burgos nach Leon und denke etwas wehleidig über die Erlebnisse der letzten Tage nach. Ich bin sehr gespannt, was jetzt auf mich zu kommt und wie es ab morgen weiter geht. Für Leon habe ich auf Empfehlung des freundlichen Herrn an der Rezeption im „España" bereits ein Zimmer reserviert. Er hat mir sogar den Weg vom Busbahnhof dorthin aufgezeichnet.

Sie sind einfach immer wieder freundlich und hilfsbereit, diese Spanier.

Auf dem Weg vom Busbahnhof zum Hotel beginnt es zu regnen, aber es ist Gott sei Dank nicht so weit. Ich wohne im Hostal „Orejas" und habe ein schönes großes Zimmer mit einem ordentlichen Bad. Heute brauche ich keine Wäsche waschen, denn ich habe nicht geschwitzt und auch sonst bin ich nicht schmutzig oder nass geworden. Nach dem üblichen Duschen und Eincremen begebe ich mich auf den Stadtrundgang durch Leon. Ich komme bis zur Kathedrale und dann beginnt ein Dauerregen. Ich springe förmlich an den Hauswänden, unter den Markisen und Dachüberständen entlang bis zurück nahe dem Hotel. Dort gehe ich in eine feine Bodega in einem Keller. Ein sehr sauberes, feines Spezialitätenrestaurant. Ein toller Koch, dem man bei seiner Zubereitung zusehen kann. Jedes Fleischstück kann man vorher sehen oder man bekommt es gezeigt. Ich bekomme ein fantastisches Abendessen. So gut habe ich in der ganzen Zeit hier noch nicht gegessen.

Zu einem grandiosen Lammkotelett eine gute Flasche Rioja – ganz hervorragend so dass ich keinen Nachtisch mehr schaffe. Schon in Burgos hatte man mir erzählt, dass ich in Leon Lamm essen sollte, denn die guten Lokale in Leon wären für ihren Lammbraten bekannt – und das war wirklich nicht übertrieben.

Auf mein Erstaunen über diese riesige Portion macht mir die Bedienung klar, dass es sich bei diesem Lammstück um drei verschiedene Sorten Fleisch handelt. Ich sollte alles probieren und was mir am besten schmeckt, davon sollte ich dann ein paar Stückchen

mehr essen; und aufessen würde das wohl nie jemand. Das passt natürlich gar nicht zu meiner Erziehung. Bei uns galt der alte Leitsatz: „Was auf dem Teller ist wird aufgegessen" – aber ich bin ja selbst in meinem Alter noch lernfähig, - bevor ich platze.
Ich denke wieder daran, dass ich bei einem solchen Essen, selbst bei so anstrengenden Märschen, gar nicht abnehmen kann.

Weil ich jetzt wieder so ein etwas einsames Gefühl habe, bekomme ich vor dem Einschlafen noch einen spirituellen Hinweis: Die zwischenmenschlichen Beziehungen spielen auf dem Camino zwar eine wesentliche Rolle, aber letztlich sei ich in der Hauptsache hier nicht hergekommen um Freundschaften zu schließen oder neue Freunde kennen zu lernen. Außerdem sollte ich doch inzwischen wissen, dass ich nie alleine bin. Von „Ihm" brauche ich mich nie zu verabschieden und er lässt mich auch nie alleine.
Also gibt es auch keinen Grund, irgendjemandem nachzujammern.
Ab sofort geht es mir wieder sehr gut und ich schlafe ein. „Danke"

**Sonntag / Domingo  20. Mai 2007**
**Von Leon  nach  Hospital del Orbigo**

Eben so gut, wie ich gestern Abend gegessen habe, konnte ich in dieser Nacht in dem schönen Zimmer auch schlafen.

Alles war gut, und dann statt der am Telefon angekündigten 40 € bezahle ich nur 30 € und 2,5o € für das Desayuno (Frühstück) und das was sogar viel besser als manches andere vorher für den doppelten Preis.

Somit bin ich gut drauf und der Tag kann beginnen. Ich starte um kurz vor 8.oo Uhr in Richtung Camino, vorbei an der großen Herberge im Kloster. Leider war dies um 8.15 Uhr schon wieder geschlossen. Alle Pilger mussten bis dahin weg sein; und die Patres oder Mönche halten wohl jetzt ihre Messe oder frühstücken zusammen. Zwei deutsche Fahrradpilger, die sich soeben die Stadt zu Fuß angesehen haben, kommen nun nicht mehr an ihre Fahrräder. Die Mönche öffnen die Klosterpforte erst wieder um 11.oo Uhr. Mit einer solchen Verzögerung muss man auf dem Camino durchaus mal leben.

Ich jedenfalls will nur des Stempels wegen so lange nicht warten. Auch der so sehr begehrte Stempel der Kathedrale bleibt mir verwehrt, weil das Kathedral – Pilgerbüro heute am Sonntag geschlossen ist. So ziehe ich nur mit meinem Hostal-Stempel von Leon von dannen.

Das Wetter ist schön. Der Camino durch Leon ist zunächst sehr interessant, weil er wie beschrieben,

an allen bedeutenden Sehenswürdigkeiten vorbei
führt. Die Wegführung ist hier in den Boden eingelas-
sen oder aufgemalt, allerdings bei Weitem nicht mehr
so intensiv und häufig wie vorher im Gebiet Navarra
und Rioja. Dafür aber eleganter und dezenter. Zunächst mit goldenen Jakobsmuscheln auf der Strasse,
aber kaum noch gelben Pfeilen und Zeichen. Ich muss
sehr genau aufpassen, manchmal fragen oder am besten ein paar Pilger in Sichtweite vor mir haben.
Ich fotografiere noch einiges, was mir sehenswert
erscheint. Irgendwann höre ich allerdings auf, jeden
Kirchturm oder Masten mit seinen Störchen in oder
auf ihren Nestern zu fotografieren. Einen Storch
habe ich eben beim Nestbau beobachtet. Das ist
schön und beeindruckend, auch wenn ihm einmal ein
Ast, oder dann sein halb fertiges Nest herunter fällt.
Ich kann förmlich mit ihm fühlen, als er so herunter
sieht, wie ihm zumute sein muss.
So viele Störche wie in diesem Gebiet habe ich in
meinem ganzen Leben noch nicht gesehen und hätte
mir diese Vielzahl auch gar nicht vorstellen können.
Leon ist zwar schön, aber Burgos hat mir persönlich
besser gefallen. In meinem Reiseführer ist auch beschrieben, dass in Leon die schönste Kathedrale Spaniens sei. Das mag sicher für die kunstvoll gestalteten
Fenster oder sonst auch einige Details stimmen; aber
der gesamte Kathedralkomplex mit Museum und allem
was dazu gehört ist in Burgos für mich schon beein-
druckender.

Der Weg aus Leon heraus ist wie im Führer beschrieben gar nicht schön. Die etwa 7 km bis **La Virgen del**

**Camino** zeigen ein reines unsauberes Industriegebiet. Da wird auch empfohlen ein Stück mit dem Bus zu fahren; aber das Wetter ist schön und es schadet mir auch sonst nicht.

Nach weiteren 8 km verdunkelt sich der Himmel immer mehr und es beginnt zu regnen. Weil es nicht so aussieht, als würde es gleich wieder aufhören, packe ich meine Regenjacke aus und ziehe die Regenschutzhülle über den Rucksack. Meinen Regenponcho habe ich ja nach Santiago vorausgeschickt und darum laufe ich nun in der roten Regenjacke. Als der Regen immer stärker wird, stelle ich mich an der nahen Hauptstrasse an einer Raststätte unter. Wenn man auf einem so nassen Splittweg läuft, spritzen einem bei jedem Schritt die kleinen Steinchen an die Wade; und weil ich keine Gamaschen über den Schuhen habe und dazu in kurzer Hose laufe, fallen regelmäßig einige Steinchen in die Schuhe. Diesen Zustand bereinige ich unter dem Vordach vor der Raststätte. Auf so vielen kleinen Steinchen könnte ich wirklich keinen Kilometer weiter laufen.

Nach einer Unterstell-Pause, die ich zusammen mit einem Fahrrad-Pilgerehepaar aus Fürstenfeldbruck verweile, riskiere ich weiter zu gehen – allerdings auf der Asphaltstrasse, um nicht alle paar Minuten die

Steinchen aus den Schuhen entfernen zu müssen. Auch bin ich zu faul, oder wer weiß warum ich nicht die Unterteile meiner Zipp-Hose aus meinem Rucksack krame; darum gehe ich im Nieselregen weiter und möchte noch bis „Villadangos" kommen, wo laut meinem Reiseführer ein Hostal sein soll. In den nun folgenden 3 Orten gibt es kein Hotel oder Hostal. Fast möchte ich in einer Herberge bleiben, wo ich mir einen Stempel geholt habe, aber die sagt mir auch nicht so zu und darum gehe ich weiter. Die Schmerzgrenze muss wohl noch nicht ganz erreicht sein.

Ich meine, ich würde immer nasser; - aber Blödsinn, das geht doch gar nicht – nasser als durchnass ist nicht möglich. Oben, unter der Regenjacke geht es noch so einigermaßen. Nur wegen der durchnässten Hose und Unterhose laufe ich mir jetzt auch noch einen „Wolf". Ich gehe mehr als 5 Stunden durch den Regen und sehne meinen großen Regenponcho zurück, den ich im Päckchen vorgeschickt habe. Schon jetzt freue ich mich auf ein warmes Wannenbad mit all meiner nassen Kleidung. Heute könnte ich wahrscheinlich sogar meine Schuhe in der Wanne anlassen, die könnten auch nicht mehr nasser werden. Nun laufe ich vor Hospital de Orbigo auf die extrem lange antike Brücke zu. Am Ende der Brücke ist ein großes Hostal ausgeschildert und ich bin ganz sicher, dass dies mein heutiges Quartier sein wird. Es macht auch einen guten Eindruck mit dem netten Restaurant; aber leider ist nichts mehr frei.

So gehe ich weiter durch den ganzen Ort und checke jede Möglichkeit auch nach einer privaten Pension – vergeblich. Am Ende gelange ich an die Hauptstrasse, wo auf der anderen Straßenseite eine große Raststätte mit Supermarkt und Motel ist. Ich bekomme sofort ein Zimmer und bin überglücklich. Am anderen Tag sehe ich im vorbeigehen, dass 50 Meter weiter hinter der Kreuzung noch ein schönes Hostal gewesen wäre; doch nun war ja wieder alles o.k. Wieder einmal habe ich gelernt, dass man nie verzweifeln oder aufgeben darf. Zu guter letzt wendet sich immer wieder alles zum Guten.

Das Zimmer ist für meine aktuellen Bedürfnisse mehr als akzeptabel und der Preis von 35 € ist angemessen. Die Bar ist allerdings eine typische Fernfahrerbar – laut und nicht so sauber.

Da der Regen gar nicht aufhören will, esse ich später in dem angeschlossenen Restaurant, das erst um 21.oo Uhr öffnet und absolut in Ordnung ist. Mehr will und brauche ich ja gar nicht.

Mein Wannenbad mit integrierter Kleiderwäsche und dann der obligatorische Eincremvorgang. Danach geht es mir immer wieder sehr gut.

Nun bin ich nicht nur den ganzen Tag „alleine" gelaufen, auch am Abend ist hier kein weiterer Pilger. Die sind bei dem Regen alle schon vorher eingekehrt.

Weil in Spanien die Kneipe / Bar und das Restaurant immer streng getrennt wird, trinke ich zunächst in der Bar zwei Bier. Dort kann ich zum zweiten Mal erleben, mit welchem Temperament die Spanier beim Fußballspiel fast ausflippen, wenn ihre Mannschaft wie z. B. Barcelona oder Madrid ein Tor schießt. Für sie ist das wieder ein sagenhafter Fußballsonntag.

Über den Weg heute gibt es nicht viel zu berichten. Zunächst waren die Pflanzen und Blumen wieder ausgefallen schön. Störche habe ich ebenfalls genügend gesehen und fotografiert, denn sie sitzen auf jedem Kirchturm. Seit es allerdings regnet und das ist schon seit einigen Stunden, habe ich nicht mehr so intensiv die Landschaft genießen können und das ist sicher auch verständlich.

Inzwischen habe ich echt Freude am Schreiben gefunden und könnte einen ganzen Tag Pause einlegen um zu schreiben. Dass ich inzwischen auf Seite 57 meines Notizblocks angekommen bin und auch das kleine Heft bereits weitgehend voll geschrieben habe, bestätigt das wohl. Nach dem Probelesen zu hause wird das schon entsprechend bereinigt, sonst wird das zu guter letzt noch ein dickes Buch. Ich befürchte aber auch immer, ich könnte irgendetwas vergessen und ich möchte mich doch so gerne an alles und jeden erinnern. Apropos an jeden - nun sind ja meine bisherigen „Darsteller" egal ob Haupt- oder Nebenrolle ausgeschieden. Bis heute konnte ich diese Rollen noch nicht neu besetzen.

Bin aber ganz sicher, dass sich wieder eine neue „Pilgerfamilie" für meine Aufzeichnungen finden wird. Diese „Rollen" kann ich nicht einfach so besetzen. Das wird ganz offensichtlich vorgegeben und gesteuert. Ich glaube, es richtet sich in erster Linie nach der gegenseitigen Sympathie, Harmonie und dem „sich verstehen".

Ursprünglich und auch fotografisch sollte mein Thema eigentlich: „die vielen oder 1000 Brücken auf dem Camino" werden. Mein Geschreibsel ist nun allerdings ganz anders. Und ich möchte mich hier ja einfach mal leiten und gehen lassen.

Der Camino und das tägliche stundenlange gehen ist einfach wundervoll.

Ich bin nicht der Einzige der sagt, dass man die tiefen und persönlichen Eindrücke und Erlebnisse wohl gar nicht wiedergeben kann. Da stimme ich einem Verfasser vollkommen zu:

**„Den Camino kann man nicht erklären – man muss ihn erleben!"**

Ein bisschen schlauer bin ich nun wohl schon geworden, aber das reicht mir so noch nicht aus.

Nun habe ich bald noch zwei Pässe vor mir und ich freue mich jetzt schon auf den einsamen Weg durch das Hochgebirge bis fast 1500 m hinauf. Das ist zwar sehr anstrengend aber viel schöner als in der Nähe von Straßen und Ortschaften.

Bei dem Hotelleiter habe ich eben so ein Armband gesehen, wie Daniela es hat. Ich würde ihr so gerne ein Teil (zum Beispiel eine Jakobsmuschel) dazu kaufen, aber ich habe es bis jetzt auch in den Städten noch nicht gesehen. Er meint, er hätte es wohl in Astorga gekauft. Da bin ich morgen, wenn der Regen etwas nachlässt.

Heute Nachmittag, als ich mein Handy auspacke sehe ich, dass Linda ge-sms-t hat. Wie ich schon vermutet hatte, wäre sie wohl gerne mit bis Leon gefahren. Sie überlegt nun immer noch, mit dem Bus bis Leon zu fahren. Sie ist diese schreckliche Quartiersuche leid, alles ist immer voll. Sie will sich wieder melden und fragt, ob es ab Leon mit den Unterkünften besser wird. Die Quartiersuche ist bei der „Mitte – Mai – Truppe" wirklich ein großes Problem. Auch für hier kann ich ihr da keine große Hoffnung machen.

Überrascht stelle ich fest, dass ich inzwischen bereits 225 Fotos gemacht habe.

Wenn ich morgen wetterbedingt vernünftig laufen kann, werde ich morgen Abend die Hälfte meiner Strecke zurückgelegt haben.

Allerdings müssen wenigstens die Schuhe trocknen. Die Innensohlen habe ich heraus genommen und hoffe, dass so alles trocknet – sonst habe ich morgen ein Problem.

Aber um Probleme zu lösen, dafür habe ich ja „einen" bei mir. Der hat bis jetzt auch alles hingebogen. Ich gehe darum nicht wie einige vor mir den Umweg, und bestelle das, was ich unbedingt brauche beim „Universum". Ich gehe den direkten Weg nach „oben" – zu Gott. Das hat bis jetzt immer gut funktioniert.

Sollte mir noch etwas einfallen, werde ich es nachtragen. Ansonsten möchte ich mich für heute verabschieden. Ich bin sehr müde nachdem ich 38 km in 9 Stunden gegangen bin; und mein Zimmer sieht aus wie bei Hempels, die Hochwasser hatten.

Morgen laufe ich kürzer, schon alleine um sicher zu sein, rechtzeitig ein Zimmer zu bekommen – wahrscheinlich bis Astorga.


## Montag / Lunes  21. Mai 2007
## Von Hospital del Orbigo  nach  Astorga

Nach längerer Überlegung, ob es überhaupt möglich ist, gehe ich heute erst spät los (9.45 Uhr). Ich hatte mir schon vorsichtshalber die Busverbindung oder Zeiten heraussuchen lassen. Wenn es gar nicht aufgehört hätte zu regnen, wäre ich ein Stück mit dem Bus gefahren; auch schon wegen der nassen Schuhe. Es regnet nun seit gestern Vormittag ununterbrochen – aber jetzt lichtet es auf. Das Wasser hatte wie eine große Pfütze in der Schutzhülle und auch im unteren Fach des Rucksacks gestanden. Meine Schuhe sind leider auch bis heute Morgen nicht trocken geworden. Die Sohlen, die ich herausgenommen hatte ja, aber der komplette Innenschuh war noch nass.
Es nieselt nur noch leicht und als ich zwei Pilgerfrauen unten in unserer Bar sehe, die sich nach einer Kaffeepause ihre Regenponchos wieder überziehen beschließe ich auch erst einmal los zu gehen. Leider habe ich ja hier keinen Regenponcho mehr, aber ich werde mir in Astorga, wenn möglich, einen neuen kaufen. Ohne diesen kann man hier wirklich gar nicht laufen. Ich ziehe frische trockene Socken an und schlüpfe in die nassen Schuhe. Ein komisches Gefühl.

Schon bald sind die frischen Strümpfe auch wieder nass oder feucht und ich hoffe, dass ich mir damit keine Blasen laufe. Die Hirschtalgcreme trage ich heute doppelt stark auf. Der „Wolf", den ich mir gestern gelaufen habe, ist dank meiner guten Salben wieder verschwunden. Beim Bezahlen lasse ich mir noch ein Zimmer in Astorga unverbindlich reservieren, weil ich noch nicht weiß, ob ich bis dahin komme. Die Hostales waren bereits ausgebucht, so reservierte man für mich eine Pension. Wenn ich bis spätestens 17.oo Uhr nicht dort wäre, würden sie es anderweitig vergeben, oder ich müsste nochmals anrufen.

Die ersten Kilometer gehe ich wegen der ungewissen Wetterlage an der Strasse N 120 entlang. Würde es gar nicht gehen, oder wenn ich Blasen bekomme, dann nehme ich bei der nächsten Möglichkeit oder im nächsten Ort den 12.oo Uhr Bus. Aber es geht besser als ich erwartet habe und manchmal hört der Regen zeitweise sogar ganz auf. Darum entscheide ich mich, wieder von der Strasse weg, den viel schöneren richtigen Camino durch Wald, Feld und Heide zu gehen.

Ich sehe nur ganz selten mal einen Pilger und werde nur 3-mal von Pilgerradfahrern überholt. Von ihrer bunten und sportlichen Kleidung kann man vor lauter Schlamm nichts mehr erkennen. Sie sehen schlimm aus.

Im letzten Ort vor **Astorga**, in **San Justo de la Vega** mache ich zusammen mit zwei kleinen Chinesinnen oder Japanerinnen – ich weiß es nicht mehr genau – in einer Bar am Wege noch eine Regenpause. Sie lächeln mich freundlich und nett an, aber sie reden so ein chinesisches englisch, dass ich sie kaum verstehe.

Meine Schuhe habe ich inzwischen – ohne irgendwelche Probleme – trocken gelaufen.

Es beginnt wieder stärker zu regnen. Darum huschen die beiden Chinesinnen offensichtlich auch sofort in die erste Herberge am Ortseingang von Astorga. Ich hole mir einen Stempel. Sie staunen, dass ich noch weiter gehe und lispeln mir noch so etwas Ähnliches zu wie: „see you tomorrow" und dann waren sie verschwunden.

Astorga, eine schöne Kathedralstadt mit Bischofspalast liegt wie fast alle Orte hier auf einem Berg oder einem Hügel. Da muss ich also noch ein Stück hinauf gehen. In der zweiten Pilgerherberge treffe ich die beiden jungen Damen, die mir schon gestern auf meiner Quartiersuche in Hospital de Orbigo entgegen gekommen sind. Sie machen einen sehr verschlossenen Eindruck und die eine erinnert mich irgendwie an Fr. Lorenz – eine frühere Mitarbeiterin.

Der Regen läst wieder etwas nach – und als ich an der Pension ankomme, die für mich vorreserviert ist, bin ich nicht so sehr begeistert. Darum besichtige ich zunächst einmal grob die Innenstadt und peile die Hotelsituation. Weil das erste gute Hotel bereits telefonisch ausgebucht war, mache ich einen Versuch im Zweiten; - Hotel Gaudi, welches laut meinem Reiseführer sogar Pilgerrabatt gibt.

Ich bekomme ein Einzelzimmer mit Bad zu 42 € + 7 % Steuern zum Pilgerpreis von 35 € + Steuern. Das habe ich mir natürlich gegönnt, denn der Tag ist noch lang. Nach dem Auspacken zum trocknen – alles ist leicht feucht – erfolgt wie immer: Duschen, Waschen, Cre-

men. Nun rufe ich sofort in der reservierten Pension an, damit sie das Zimmer in jedem Fall sofort wieder vergeben können – und die Nachfrage nach preiswerten Zimmern ist immens. Die Absage ist mir in meinem notdürftigen spanisch sofort gelungen:
„hola, me llamo Werner Sauer. Per mi reservado una habitation individual con baño. Me no nesesito, hace mal tiempo – llover. Mit einmaliger Wiederholung hatte sie es verstanden, war freundlich und sagte balle, balle, - de nada.
Weil das so gut geht, versuche ich nun für morgen, Dienstag / Martes in Ranabal de Camino ein Zimmer im relativ neuen Hostal zu reservieren. Bereits ausgebucht – completo. Darum gehe ich zur Rezeption und lasse die Dame für mich telefonieren. Sie reserviert in einem Hosteria el Refugio. Auf diese Kategorie bin ich nun wirklich mal gespannt; aber in den nächsten Tagen in den Gebirgsdörfern muss ich sicher noch mit einigem rechnen. Weil oft alles gute sofort ausgebucht ist, bitte ich die Dame an der Rezeption, auch sofort schon für Mittwoch in Molinaseca del Camino für mich zu reservieren. Laut Plan soll es ein kleines freundliches sauberes Hostal sein. Das sind dann allerdings wieder 32 km aber wenn das Wetter mitspielt; und ich wegen der Reservierung ja nicht so früh dort sein muss, schaffe ich das inzwischen gut.

Ich setze mich mit meinen Plänen, Reiseführer und Notizbuch in die große, luxuriöse Bar meines Hotels „Gaudi". Dort sitzen bereits die beiden jungen, verschlossenen Damen, die ich einfach mal Frau Lorenz nenne. An der Sprache habe ich erkannt, dass sie aus Bayern kommen.

Vielleicht liegt es an dem Wein; aber ich beginne soeben bei meiner Planung so optimistisch zu werden, dass ich es ab hier jetzt vielleicht sogar in 11 bis 12 Tagen schaffen könnte. Wenn nichts dazwischen kommt und auch kein Tag Pause erforderlich wird, dann könnte ich schon am 2. oder 3. Juni in Santiago de Compostela sein. Warum habe ich es plötzlich nur so eilig? Mich treibt doch niemand.

Gerade hat Linda ge-sms-t. Sie ist nun doch mit dem Bus bis Leon gefahren. Will dort noch einen Tag Pause machen, weil es ihr nicht so gut geht. Sie hat eine schlechte Nacht gehabt und vor Übelkeit kaum geschlafen. Darum hat sie diesen Tag für die Fahrt nach Leon genutzt. Nun sind wir alle einzeln. Monika hinter Burgos, Linda in Leon und ich in Astorga. Wenn Linda, wie sie sagt, ab Leon den ganzen Weg laufen will, wird sie mich wohl nicht mehr einholen, weil ich doch im Moment sehr gut drauf bin. Ihren Zeitplan kann sie aber dabei gut einhalten, ich allerdings werde früher dort sein.

In der Apotheke habe ich mir etwas gegen meinen Husten und Bronchitis gekauft. Der Husten stört schon sehr – hoffentlich wird das mit den Bronchien nicht schlimmer.

Es hat aufgehört zu regnen und ist recht windig. Vielleicht ist das gut so.

Nun gehe ich mal shoppen. Ich suche einen neuen Regenponcho und eine Trinkflasche zum anhängen. Jedes mal wenn ich trinken möchte, muss ich meinen Rucksack abnehmen, oder jemanden bitten, mir die

Flasche seitlich heraus zu ziehen, und sie anschließend wieder in die Seitentasche am Rucksack zu stecken.

Das Hotel hier ist sehr schön, direkt gegenüber der Kathedrale und dem Bischofspalast. Hier laufen schon einige deutsche Pilger herum, aber bis jetzt noch kein richtiger Kontakt für mich. Fr. Lorenz aus Bayern bedauert, dass heute das Museum in der Kathedrale geschlossen ist. Dann treffe ich auch das Fahrrad - Pilgerpaar aus Fürstenfeldbruck wieder, mit denen ich vorgestern wegen Regen untergestanden hatte. Wegen dem vielen Regen sind sie mit dem Fahrrad auch noch nicht weiter gekommen, als ich zu Fuß.

Bis heute bin ich insgesamt 265 km gelaufen - ohne die abendlichen Stadtrundgänge. Habe nun leider schon einige Tage niemanden zum Plaudern und das wäre insbesondere am Abend mal wieder schön. Aber ich halte es auch so noch aus – schauen wir mal.

War gerade etwas einkaufen und bummeln. Astorga ist ja eine Schokoladenstadt; aber leider hat das Schokoladenmuseum heute auch geschlossen, hätte gerne mal ein bisschen probiert. Weil mir an den Schaufenstern so das Wasser im Munde zusammenlief, habe ich mir soeben eine Tafel Schokolade, ganz dunkel mit Mandeln gekauft und dazu eine kleine Flasche Rioja – so lässt sich's leben.

Einen neuen Regenponcho habe ich auch und einen Trinkflaschen–Thermobeutel zum anhängen. Da kann ich jede Flasche hineinstellen und mich auch gut unterwegs selbst bedienen.

Es ist inzwischen 20.oo Uhr und langsam Zeit zum Abendessen, *sonst nehme ich vielleicht wirklich noch ab*. Manche Restaurants öffnen hier erst um 21.oo Uhr; aber ich mache mich schon mal „caminofein". Leichte schwarze Hose, Sandalen und Outdoorhemd. Im Restaurant sehe und höre ich einige deutsche Pilger – eine ganz lustige Männertruppe; aber die müssen rechtzeitig wieder gehen, weil sie um die Ecke in der Herberge schlafen – und da ist um 22.oo Uhr „Zapfenstreich". Beim Schlaftrunk an der langen Bar sehe ich noch einen von diesem Tisch, der wohl offensichtlich nicht in der Herberge schläft, geht aber nach seinem Bierchen dann auch.

Als ich mich kurz danach in meinem Zimmer ausziehe fällt mir auf, dass durch die zwei Regentage – zugeknöpft bis oben hin – meine ganze Bräune fast wieder verschwunden ist. Oh, Entschuldigung, Bräune ist ja für meinen Hauttyp schon eine überzogene Anmaßung; ich meine natürlich leichte Schweinchen-Rosa-Tönung. Außer der Nasenspitze natürlich, und das kommt ganz sicher nicht nur vom Rioja Vino tinto. Die Nasenspitze guckt je nach Sonneneinstrahlung schon manchmal über meine eigentlich schon große Hutkrempe meines unverwechselbaren „Deutschlandhutes" hinaus. Trotz Sonnenschutzfaktor 50+ habe ich wegen der Schweißperlen auf der Nase schon zwei Brandblasen gehabt. Ansonsten kann ich noch feststellen, dass ich zur „Halbzeit" mit all meinen Utensilien, Creme ect.- ganz gut im Plan liege. So bin ich mit allem rundum zufrieden.

Morgen früh fangen wieder 100 Jahre an; und ich bin dabei.

## Dienstag / Martes  22. Mai 2007
## Von Astorga nach Rabanal del Camino

Um 8.15 Uhr gehe ich nach dem obligatorischen Frühstück: Cafè con leche, Croissant und Orangensaft gemütlich los. Vorbei an der Kathedrale, die ebenso wie gestern geschlossen ist. Es stehen einige Pilger davor, die dies bedauern. Auf der letzten Kreuzung, die aus Astorga herausführt, steht eine junge Dame neben mir und grüßt freundlich. Ihr spanisch hat einen englischen Akzent. Auf meine Fragen antwortet sie mir spontan; dass sie aus Australien kommt und Ansly heißt. Ich weiß nicht, ob Ansly so richtig geschrieben ist und sie räumt ein, dass dieser Name selbst in Australien wenig bekannt ist. Wir gehen eine Weile zusammen und tauschen uns sehr nett aus. Sie hat ihr Studium beendet, ist Lehrerin und gönnt sich nun vor Beginn ihrer Berufskarriere ein „break", wie sie es nennt. Sie reist ca. ein halbes Jahr nur mit ihrem Rucksack durch die Welt. Sie war in Chile, in den USA und jetzt ist sie über Madrid nach Leon gekommen. Seit dort geht sie den Jakobsweg 340 km und von Santiago aus will sie wieder über Madrid nach Korea fliegen. Sie macht im Prinzip eine Weltreise, denn es kommen noch ein paar Länder hinzu. Ich beantworte auch ihre Fragen über mich.

Als ich dann merke, dass sie langsamer wird fordere ich sie auf, mir jederzeit zu sagen, wenn sie wieder allein gehen möchte. Sie sagt es zwar nicht; aber als sie danach noch langsamer wird, wünsche ich ihr noch einen schönen Tag, buen camino und gehe wieder meinen Schritt. Sie schaltet ihre MP3-Player ein und trottelt so vor sich hin.

Zwei Orte weiter, wo ich an einer Bar Cafè und Wasser trinke, setzt sie sich wieder zu mir, packt Brot, Banane und Wasser aus und bietet mir an, mit zu essen. Freundlich dankend lehne ich ab und mache mich langsam wieder auf den Weg.
Die Landschaft ist so schön, dass ich wieder einige Fotos mache.
Weil Rabanal 1162 Meter hoch liegt, geht es nun wieder bergan. Es wird immer steiler und holpriger; Schotter bis Felsenpiste. Irgendwann bin ich für einen Moment unaufmerksam. Ich schaue zur Seite, wo ich vielleicht mal Pi-Pause machen könnte. Da ist es auch schon passiert.
Ich stolpere, strauchle noch ein Stück, meine Stöcke fliegen ein paar Meter voraus und ich gehe wie im Sturzflug zu Boden. Da liege ich – auf dem Bauch, den Rucksack auf dem Rücken. In diesen Sekunden, noch am Boden liegend glaube ich, dass meine Reise damit wohl zu Ende ist.

Mit so etwas habe ich ja gar nicht gerechnet und bin umso mehr überrascht wie schwer es ist, mit dem schweren Rucksack aufzustehen.

Schon beim Stolpern half der Rucksack mit seinem Gewicht, dass ich mich nicht mehr fangen konnte.

Eine Pilgerin, etwa 50 Meter vor mir hat mich schreien und fallen hören. Sie ist Deutsche, kommt zurück und will mir helfen. Ich krabbele hoch und sagte ihr, dass alles in Ordnung ist. Es ist nichts Schlimmeres passiert und es geht schon wieder. Nach dem ersten Schreck sehe ich, dass ich am rechten Handgelenk, am Ellenbogen, Oberarm und am rechte Knie seitlich ganz schön blute. Nun ist Blut ja nicht so schlimm und sieht oft weit gefährlicher aus als es ist. Beim abwischen des Blutes untersuche ich mich zwangsläufig gründlicher. Das Knie wird schon dick, tut aber nicht besonders weh. Der Oberarm wird richtig dick und sofort kräftig blau. Da bin ich wohl auf einen Stein gefallen. Die Schürfwunden schrinnen, wie man das so kennt, aber das Handgelenk ist am Schlimmsten. Es wird dick und tut an zwei Stellen sehr weh. Ich krame mein Wunddesinfektionsmittel und mein Verbandszeug aus dem Rucksack – möglichst alles mit der linken Hand, denn die rechte schmerzt. Ich verarzte und bepflastere mich so gut es geht, packe alles wieder zusammen um weiter zu gehen. Dann stelle ich fest, dass ich mich mit der rechten Hand nicht mehr auf meinem Stock abstützen kann. Ich habe Angst, dass die Hand gebrochen ist. Ich gehe ganz langsam, vorsichtig weiter. Nun sehe ich ganz schön demoliert aus. Nette Pilger bieten mir unterwegs Hilfe, neues Pflaster usw. an. Ich würde die Hand bei nächster Gelegenheit röntgen lassen, aber das kann ich in dem vor uns liegenden Hochgebirge vergessen. Nach **Rabanal** geht es morgen weiter hoch über **Foncebadòn**

**(1420 m)** zum **Cruz de Ferro (1504 m)** und auch morgen Abend in **Molinaseca** wird es keinen Arzt oder Krankenhaus geben.

Ich beiße die Zähne aufeinander und mache mir bewusst, dass dies hier schließlich kein „Kindergeburtstag" ist; gehe weiter und bete, dass ich durchhalten kann.


In Rabanal komme ich in meinem vorgebuchten Hosteria el Refugio an und bin freudig überrascht. Es ist eine schöne kleine Bar mit 2 kleinen Tischen, sowie einem offen angrenzenden Restaurant mit ein paar eingedeckten Tischen; und ganz ordentlichen, klein aber feinen Zimmern. Dort muss ich feststellen, dass ich mit der rechten Hand nicht einmal mehr die Türklinke bedienen kann. Darum fällt mir auch die Komplett-Wäsche heute ziemlich schwer. Es muss aber sein, denn Hose und Hemd waren vom Sturz arg schmutzig und alles war eigentlich sehr verschwitzt. Die Socken hatte ich heute – versehentlich – den ganzen Tag auf links an; hat aber nichts ausgemacht - und wahrscheinlich auch niemand gemerkt.


Das Hosteria gefällt mir gut. Es hat sogar oben eine Innenterasse mit gespannten Wäscheleinen. Es geht ein leichter Wind und darum trocknen meine sieben Sachen dort relativ schnell.

Nach dem Duschen, Cremen und Eigenmassage gönne ich mir an der Bar zwei große Cervecas und ein Bocadillo con Bacon / Queso; - sehr lecker. Da sitzt auch der Pilger, der gestern Abend auch im Hotel Gaudi gegessen hat, und zum Schluss wie ich einen Absacker an der schönen großen Bar getrunken hat. Wäre die Theke nicht so lang gewesen, wären wir vielleicht schon dort miteinander ins Gespräch gekommen. Wir nicken uns freundlich zu; aber nachdem er seine Bohnensuppe gegessen hat geht er wieder und ich verziehe mich auf mein Zimmer.

Die Schmerzen werden erträglicher, aber ich kann gar nicht Schreiben. Das verschiebe ich auf später und lege mich erst mal zum Ausruhen auf mein Bett. Irgendwann telefoniere ich mit Gabi. Ich hatte mir fest vorgenommen, ihr nichts von meinem Sturz zu sagen; aber sie hat es mir irgendwie angemerkt und so gefragt, dass ich es dann doch gesagt habe. Das tut mir irgendwie leid, denn ich weiß, dass sie sich nun Sorgen macht. In einem späteren Telefonat am Abend kann ich sie wohl beruhigen und ihr sagen, dass es mir schon wieder viel besser geht und ich bin sicher, dass es weiter geht.
Die Wirtsleute hier in diesem Bergdorf sind sehr freundlich und entgegenkommend; und versuchen alles zu tun, wonach ein Pilger verlangt. Sie leben davon und merken, dass es noch weiter gehen wird. Darum investieren sie auch und machen es uns nach den Strapazen angenehm und gemütlich. Hier bieten sie eine gute, preiswerte Küche. Ein ganzes Menue , drei Gänge für 6, 7 oder 8 Euro. Heute esse ich als Vorspeise einmal Bohnen; dann Spiegelei mit Schinken, und als Nachtisch, Flan.
Beim Studieren meines Reiseführers freue ich mich trotz meiner Verletzung auf den morgigen Tag, wenn

es hinauf geht auf 1500 Meter zum „Cruz de Ferro"- zum Eisernen Kreuz.

Heute Abend nach dem Essen und meinem Telefonat, setzt sich der Mann, den ich seit gestern im Gaudi sehe, zu mir an die Theke. Er spricht mich sofort an und wir kommen sehr schnell in ein intensiveres Gespräch. Er heißt Walter und kommt aus Witten. Die heimatliche Nähe bietet sofort zusätzlichen Gesprächsstoff. Er spricht wie wir im „Pott", geht zum BVB und kennt Dortmund recht gut; - auch den „Alten Markt". Walter ist schon 10 Tage vor mir ab Frankreich „St. Jean Piet de Port" gegangen und war dort, als einer vor Überanstrengung beim Überqueren der Pyrenäen umgefallen und gestorben ist.

Während wir gemeinsam am Fernsehen eine Live – Übertragung mehrerer Stierkämpfe sehen, wo auch der spanische König anwesend ist, erklärt mir Walter einiges über den Stierkampf, was ich noch nicht wusste. Dann erzählt er mir, dass er vor ein paar Jahren schon einmal mit einem Freund oder Bruder von Witten aus bis Rom gepilgert ist. Es ist interessant, ihm zuzuhören.

Wir trinken noch zwei Bier zusammen und gehen dann schlafen. Walter wohnt 30 Meter weiter in einem ebenfalls ordentlichen Hostal.

Ohne feste Verabredung sind wir beide sicher, dass wir uns morgen wieder sehen werden. Außerdem haben wir für morgen das gleiche Etappenziel: „Molinaseca" – spätestens dort werden wir uns treffen.

**Mittwoch / Miercoles  23. Mai 2007**
**Von Rabanal del Camino  nach Molinaseca**

Ein recht schwerer Weg, wie es auch schon im spanischen Jakobsweg – Führer beschrieben ist. Hinauf bis zum Cruz de Ferro geht es zwar steil bergan und ist anstrengend. Ich bin ja inzwischen einiges gewohnt und es ist mir viel wichtiger, dass ich mich mit meiner rechten Hand wieder einigermaßen auf meinem Wanderstock abstützen kann. Das Knie ist zwar dick und wird blau, aber es tut nicht weh, wenn ich nicht daran stoße. Die Schürfwunden habe ich mit Bepanthensalbe behandelt und ich bin guten Mutes.

Als ich nach dem Frühstück bezahle, sehe ich draußen Walter, Witten gehen. Er winkt mir zu und deutet an, dass er schon einmal losgeht. Es nieselt und alle gehen in Regenkleidung. Ich meine, dass Regenjacke und Regenponcho übereinander zu warm würde. Das habe ich ja schon ausprobiert. Nur die Regenjacke und die Regenhaube über dem Rucksack würden vielleicht wieder nicht ausreichen. Darum gehe ich wieder nur im Hemd und stülpe den Regenponcho über alles. Da habe ich etwas Luft und warm genug wird es mir bei dem heutigen Aufstieg schon werden, auch wenn hier oben ein kühles Lüftchen weht.

Zwischendurch hört es mal für ein Stündchen auf zu regnen; aber dann wird es sogar immer stärker.

Zuerst ist der Weg noch ganz angenehm, auch wenn es ständig bergan geht. Nach etwa 1 $\frac{1}{2}$ Stunde erreiche ich **Foncebadón**. Ein historischer Ort, der einmal Herberge, Kloster und Kirche besaß. Sogar das spanische Konzil soll hier vor mehr als tausend Jahren abgehalten worden sein. Dann war der Ort lange Zeit praktisch verlassen und auch wegen seiner wilden Hunde auch von Wanderern gemieden. Nun soll er mit Hilfe von EU-Geldern langsam wieder restauriert und aufgebaut werden. Hier sind wir bereits auf 1400 Meter und in **Corbos** dann auf 1530 Meter. Hier ist nur ein uralter kleiner Bauernhof und eine ganz kleine enge Pilger-Raststätte. Ich möchte gar nicht glauben, dass man hier auch übernachten kann, aber es sieht schon so aus. Ein chaotisches Durcheinander, aber freundlich und preiswert. Fast jeder kehrt hier kurz ein, trinkt oder isst eine Kleinigkeit und macht eine Pause.

Nun ist es nicht mehr weit bis zum Cruz de Ferro; aber der Weg ist sehr schlecht. Ich würde auch ohne Regen nass werden, denn die Luft ist so feucht und nebelig, dass auch die Sicht total eingeschränkt ist. Plötzlich sehe ich das große eiserne Kreuz vor mir. Die Spitze ist in der Nebelglocke eingehüllt. Auch wenn der riesige Berg von Steinen und allem Möglichen hier abgelegten „Ballast" es schwer macht; aber es ist eine Selbstverständlichkeit, dass jeder hier hinauf muss um seinen von zu hause mitgebrachten Stein oder Ähnliches hier abzulegen.

Den sorgfältig ausgesuchten Stein vom Teich in unserem Garten habe ich bereits heute Morgen beim Packen in eine Seitentasche meines Rucksacks verstaut, damit ich hier nicht so lange kramen muss. Ich lege ihn ganz bedächtig nieder und denke die sinnbildliche Erklärung, dass hier jeder Pilger einen mitgebrachten

Stein, stellvertretend für die Last die er zu tragen hat ablegt und derer er sich durch seine Pilgerfahrt entledigen möchte.

Jeder lässt sich hier am Cruz de Ferro fotografieren; allein gehende fotografieren sich gegenseitig. Leider heute bei einer sehr schlechten Sicht.

Auf der Höhe der Berge geht es nun noch eine ganze Zeit weiter und steigt sogar nochmals auf der Passstrasse von Manjarín an. Dass fällt besonders schwer, weil jeder im Kopf und auch von der Landschaft optisch gesehen, den Anstieg längst abgearbeitet hat. Nun noch Einmal.

Der Abstieg ab Manjarín ist äußerst beschwerlich. Auf diesem Felsgeröll und dann ständig durch das vom anhaltenden Regen der letzten Tage hinabfließende Wasser. Die ständige Angst abzurutschen, wieder zu fallen. Die Knie schmerzen und beginnen zu zittern. Hier kommen Strapaze und Demut zusammen. Heute werden auch mir die Grenzen meiner Leistungsfähigkeit aufgezeigt, obwohl ich eigentlich auch konditionell gut drauf bin.

Bei diesem Abstieg ab Manjardín, spätestens ab El Acebo, haben mehr als die Hälfte der Pilger ein Taxi genommen. Im Reiseführer war bereits vorher angekündigt, dass hier ein Gepäcktransfer mit Taxen und Kleinbussen angeboten würde, der den schweren Fußweg über den Pass zumindest um das Gewicht des Rucksacks erleichtern soll. Wenn man allerdings einmal unterwegs ist, ist diese Möglichkeit vertan, denn auf diesen Wegen gibt es keine Fahrzeuge. Erst wieder ab den Orten Manjarín, El Acebo und Riego de Ambrós.

In El Acebo ist eine nette Bar, die zwar sehr voll, aber richtig was los ist. Die Bedienungen nehmen es gelassen, wenn jemand seine Bestellung dreimal reklamiert. Man soll einfach ruhig und gelassen bleiben. Außerdem regnet es draußen und hier drin ist es doch sehr gemütlich. Wer hier in eine lustige Pilgertruppe gerät, wird nach einigem Alkoholkonsum den restlichen Weg ohnehin nicht mehr laufen - (können), denn die Pfade ab hier sind steil, schmal, rutschig und alles, was man sich an Unannehmlichkeiten vorstellen kann.

Nach ca. 3 Stunden hinter dem Cruz de Ferro habe ich Walter, Witten überholt. Wir reden ein paar Minuten miteinander, er nennt mich „Windhund" weil er viel langsamer geht als ich. In der Bar/ Alberge in El Acebo sehe ich ihn wieder, aber er bleibt noch hier.

Auf den letzten 10 km treffe ich mehrfach mit drei Männern – etwa in meinem Alter zusammen. Wir reden wenig, aber gelegentlich einen knappen Satz. Es geht durch Bäche, Schlamm, über umgestürzte Bäume und geröllige Wege.

Als einer von ihnen einmal ausrutscht, geht es ebenso knapp: „Hast Du Dir weh getan? alles o.k.? – weiter!". Hier weiß ich noch nicht, dass dies drei ganz nette Kerle sind, die Walter, Witten bereits kennt, und die auch ich noch näher kennen lernen sollte. Irgendwann ziehe ich an ihnen vorbei und bin wohl auch einige Zeit vor ihnen in **Molinaseca**.

Trotz Regen noch schnell ein Foto der schönen Brücke; und dann fällt mir auch noch einer meiner Wanderstöcke hinunter. Zum Glück kann ich ihn wieder holen und jetzt ist es ja geschafft.

Leider ist dann „angeblich" im offensichtlich einzigen Hotel, (zumindest laut Reiseführer) das für mich bestellte Zimmer nicht reserviert. Nach 20minütiger Verhandlung mache ich der jungen Dame klar, dass die „Hieroglyphen" in ihrer Liste „Sauer" heißen würden – und das wäre ich. Das räumte sie ein, und das Zimmer wäre auch frei, aber es wäre ein Doppelzimmer. Die Dame spricht kein Wort englisch, deutsch sowieso nicht; darum muss ich mich mit ihr in meinem „poquio españa" verständigen. Sie telefoniert und bietet mir an, mir das Doppelzimmer zu einem Sonderpreis von 50 € statt 75 € zu geben. Nur auf Grund meines fast erschöpften Zustandes stimme ich zu. Als ich das Zimmer unter dem Dach sehe, bin ich schon sehr enttäuscht, obwohl in meinem Reiseführer wörtlich steht: sauber und freundlich. Zum Kleiderschrank muss ich auf Knien kriechen, so schräg ist es hier. Über die Hälfte des Raumes kann ich stehend nicht begehen. Ein Stuhl, auf den ich mich wegen der niedrigen Schräge nicht einmal setzen kann. Darum war auch der fehlende Tisch kein Verlust mehr. Ich komme zum Bett und ins Bad, das sollte ausreichen.

So denke ich: Werner, nicht ärgern, die Nacht geht auch vorbei". Als ich aber dann am Abend höre, dass hundert Meter weiter am Ortsausgang ein neues großes Hotel mit schönen, großen Zimmern (Doppelzimmer sogar für 45 €) noch frei war, habe ich mich doch schon geärgert; aber nur kurz. Das war nun gelaufen und selbst ärgern würde ja nichts mehr bringen.

Nun ist wieder große Wäsche und Körperpflege angesagt. Jetzt kommt ja immer noch die Behandlung meiner „Macken" hinzu. Es heilt aber und macht Fortschritte. Stockstütze und Schreiben geht wieder viel besser, auch die Wunden verkrusten und beginnen zu heilen. Die Blutergüsse an Oberarm und Knie schmerzen nur, wenn ich sie berühre. Das anhaltende Problem scheint das Handgelenk zu sein.

Nun rufe ich Gabi an, und danach schicke ich Linda eine vorwarnende SMS. Sie hat ja bereits ein lädiertes Kniegelenk und geht mit Bandage, - ich bin mal gespannt, ob das gut geht.


Den gesamten Tag heute kann ich mit seiner Schönheit der Natur und zum anderen mit den erlebten Strapazen gar nicht entsprechend beschreiben. Egal was darüber geschrieben wurde – oder wieviel ich darüber gelesen habe; es ist noch schöner und noch anstrengender. Niemals hätte ich geglaubt, dass ich solch steinige, schotterige, rissige und stolperige Wege bergauf und bergab überhaupt länger als 10 Minuten gehen kann und das noch mit mehr als 10 kg auf dem Rücken. Wenn das Wasser dann noch wie ein kleiner Fluss durch die schmalen Trampelpfade hinabfließt, dann können selbst Fotos diese Schwierigkeiten nicht wiedergeben. Ich versuchte mich an die schlimmsten Tage meiner Bundeswehrzeit zu erinnern; aber es fällt mir kein Marsch und kein Manöver dieser Art ein. Auch vergleiche ich es mit den Fotos oder Filmen beim Skilaufen. Auch dort kann man nicht erkennen, wie steil es in Wirklichkeit ist.

Umso mehr freue ich mich jeden Abend wieder, wenn oder dass ich auch diese Etappe wieder so gut geschafft habe. Gleichzeitig bewundere ich die Mitpilger und abends sind wieder alle gemeinsam froh und glücklich.

Walter ruft mich an und berichtet, dass er hier im Ort ein nettes ordentliches Einzelzimmer im Hostal de Rual  und auch recht preiswert (25 €) bekommen hat.

Er meint, ich sollte nicht mehr vorreservieren, man bekäme hier immer etwas. Allerdings habe ich auch gehört, dass die Hotels und Hostales ab hier immer „bescheidener" dafür aber teurer werden sollen. „Das kann ja *eiter*" werden". Walter hat auch die besagten drei Herren, die heute mehrfach nahe Wegbegleiter waren wieder getroffen. Sie haben bereits ausgekundschaftet, dass man in dem ersten Restaurant nach der Brücke schon früh, das heißt, ab sieben Uhr Essen kann. Danach können wir im gleichen Lokal hinüber in die Bar wechseln um das Champions League Finale, AC Mailand gegen Liverpool sehen zu können. Da ist sogar wieder  ein Großbild Fernseher. Darum sollten wir uns um 19.oo Uhr dort treffen. Gesagt getan. Die drei Männer sitzen bereits an einem voll besetzten Tisch und Essen. Walter und ich suchen uns einen freien Tisch und das nette norddeutsche Ehepaar, das ich bereits mehrfach gesehen habe, setzen sich zu uns. Die junge Frau hat mir unterwegs einmal geholfen, mein Regenponcho hinten über den

Rucksack zu ziehen. Schnell haben wir ein nettes Gespräch zusammen. Er ist Hauptmann bei der Bundeswehr und seine Frau ist unterwegs hier später – ich glaube in Burgos oder Leon in den Camino eingestiegen.

Nach dem Essen und der angenehmen Unterhaltung wechseln Walter und ich hinüber zu den 3 Männern und sehen gemeinsam Fußball. Ein spannendes Endspiel in dem Mailand Champions League Sieger wird.
Die drei heißen Gerd, alias Geraldiño, Hans und Walter I. und kommen aus einem kleinen Ort nahe bei Erlangen, oder auch in der Nähe von Nürnberg. Weil sie Fans des FC Nürnberg sind, nenne ich sie auch die drei Cluberer. Bei einigen Cervecas haben wir einen gemeinsamen schönen Abend zu fünft.

## Donnerstag / Jueves  24. Mai 2007
## Von Molinaseca  nach Villafranca del Bierzo

Die Sonne scheint und ich starte bei angenehmem Wetter hier in Molinaseca. Einige Eifrige wie zum Beispiel die drei Cluberer sind schon um 6.30 Uhr losgegangen. Dadurch, dass ihre Herberge ein ganzes Stück hinter dem Ort liegt, haben sie ohnehin schon einen Vorsprung.
Auf meinem Weg aus Molinaseca heraus, komme ich auch an der Herberge vorbei. Diese Herberge ist in

aller Munde. Sie ist wie eine große Halle mit einem zu beiden Seiten sehr weiten Dachüberstand. Unter diesen Dachüberständen müssen bei voller Herberge ca. 40 Pilger auf der rechten Seite in doppelstöckigen Betten schlafen, die draußen im Freien stehen. Auf der linken Seite unter dem offenen Dach können dann noch einmal mindestens 50 Pilger auf dem Boden auf ihrer Isomatte schlafen. Diese Ansicht ist einmalig und ich bedaure noch jetzt, dass ich vergessen habe dies zu fotografieren. Zuerst glaube ich, die Betten stehen zum Lüften oder zur Reinigung draußen. Dann aber sagt mir ein junger Mann, der die Herberge gerade verlässt, das sei immer so und drinnen steht bereits eine Vielzahl von Betten. Ich bin hier so auf den Stempel fixiert, dass ich das Foto leider vergesse.

Der nun folgende Weg geht zwar auch wieder bergan, ist aber schön und gut zu gehen.

In Ponferrada, einer recht großen Stadt, gibt es zwei Camino – Varianten. Ich nehme offensichtlich noch eine dritte und habe mich natürlich richtig verlaufen. In der Stadt frage ich immer wieder nach dem Camino; aber fast jeder schickt mich anders. Einmal geht ein älterer Spanier sogar ein ganzes Stück mit mir, weil es wohl schwierig zu sein scheint, hier wieder heraus zu kommen, und dann noch in die richtige Richtung. Ich orientiere mich nun auch nach der Sonne und bemühe mich immer in Richtung Westen zu gehen. Nach etwa einer Stunde bin ich an einer Beschilderung nach Compostilla, einem kleinen Ort vor oder hinter Ponferrada. Weil der Camino durch Compostilla geht, marschiere ich in diese Richtung und komme nach einer weiteren halben Stunde wieder auf den Camino. Das hat viel Zeit und zusätzliche Kilometer gekostet; aber es haben sich schon so viele verlaufen, warum nicht auch ich.

Im Übrigen kommt es bei diesen vielen Tagen und Kilometern ja wirklich nicht auf ein paar mehr an. Ich genieße dabei die Schönheit der Natur, ihre Farbenpracht, die endlosen Weiten mit dem Blick über die Täler und Höhen. Es ist so ruhig und still. Dabei denke ich über den harmonischen Einklang der Natur mit den Menschen nach. Jeder, egal ob Pilger oder Einheimischer, ist so freundlich, so hilfsbereit. Beantwortet jede Frage und versucht jeden Wunsch zu erfüllen.

Dieses wundervolle Zusammenspiel von Menschen und Natur darf ich jeden Tag aufs Neue, von morgens bis abends genießen.

Auch das macht es aus, den Camino zu erleben.

In einer späteren Unterhaltung kommen wir auf dieses Thema. Sofort bestätigen mehrere Pilgerfreunde, dass sie dies genauso empfinden würden.

Obwohl ich eigentlich recht schnell unterwegs bin, sind viele wegen der vorgenannten Umstände schon in Villafranca als ich dort ankomme. Sie sitzen an dem schönen Placa Mayor draußen schon beim Bier oder Wein in der strahlenden Sonne. Auch die drei Cluberer, Geraldiño, Hans und Walter I. sind dabei. Sie begrüßen mich lautstark und wundern sich, warum ich heute so relativ spät hier ankomme. Ich soll mein Gepäck in mein Quartier bringen und wieder kommen; sie würden auf mich warten.

Doch das ist nicht so einfach wie gesagt. Ich muss erst mal mein Hostal el Cruce finden. Das ist auf der anderen Seite der Stadt über die Flussbrücke hinweg. Ich laufe noch etwa 20 Minuten. Weil ich so schachmatt und verschwitzt bin, will ich doch zuerst duschen und meine Kleidung wechseln. Noch mitten in meiner täglichen „Salbung", knallt schon wieder das Gewitter und der starke Regen lassen ein Zurückgehen zu den anderen Pilgern nicht zu. Darum sitze ich nun hier in der Bar bei meinem Hostal und mache meine Notizen vom Tag.

Irgendwann, als es wieder aufhört gehe ich wieder hinüber zur anderen Stadtseite, denn hier ist nicht einmal ein Restaurant.

Ich fühle mich so lädiert, nicht nur durch den Sturz, sondern alle Glieder tun mir weh. Es wäre an der Zeit, einen Ruhetag einzulegen, - aber doch nicht jetzt und nicht hier. Fast alle machen innerhalb von 14 Tagen mal einen Ruhetag, oder sie gehen nicht so lange Strecken. – Sorry, bin ich ja auch nicht. An dem Tag, als ich von Burgos nach Leon gefahren bin, habe ich die Stadtbesichtigungen ohne Gepäck gemacht und das waren auch nicht so lange Strecken.

Also, kein Selbstmitleid Werner, bis morgen hast Du dich wieder erholt und dann geht es weiter. Manchmal hat man eben mal kurz so einen Durchhänger. Dennoch bin ich immer wieder verwundert, wie schnell sich der Körper so über Nacht regenerieren kann.

Es hat aufgehört zu regnen, und ich bin so gegen 19.oo Uhr wieder im Altstadtkern. Das gleiche Empfinden wie ich, bestätigen auch alle anderen Pilger, - „kaputt". Die meisten haben bereits gegessen – nur eine Kleinigkeit oder eine kleine Pizza, weil sie so erschöpft sind und sich in die „Waagerechte" begeben möchten. So sind dann langsam alle gegangen. Auch Walter Witten sei bereits weg. Er wäre fertig und sei bereits schlafen. – Fehlinformation - Walter hat sich nur wie schon öfter nach der Ankunft ein bisschen hingelegt und hat sich nach seinem Ruhestündchen wieder gut erholt.

Wir essen zusammen zu Abend. Auch das norddeutsche Pärchen mit Herrn Hauptmann, und die beiden jungen Damen aus Bayern (mit Frau Lorenz) kommen noch zum Essen. Heute tauen sie tatsächlich auf; vielleicht weil sie einen Rotwein getrunken haben. Sie erzählen uns ihre Geschichte und wir laden sie zu einem „Eurucho" ein. Den habe ich auch erst soeben kennen gelernt. Walter klärt mich auf: Eurucho ist ein spanischer Schnaps, den man nach dem Essen zur Verdauung trinkt. Es gibt ihn klar und auch mit Kräutern – das heißt dann con Herbas. Er ist aber sehr mild und schmeckt auch den Damen. Durch den Schnaps und die Unterhaltung haben die Damen beinahe ihre „deadline" (Zapfenstreich) verpasst. Sie rennen los, um noch in ihre Herberge zu kommen.

Walter und ich trinken noch einen oder auch zwei und tauschen unsere Adressen und Telefonnummern aus. Möglicherweise würden wir uns ja morgen, oder bis Santiago de Compostela; vielleicht auch bis Dortmund nicht wieder sehen.

Walter steckt sich als Ziel für den nächsten Tag zunächst einmal „La Faba".

Der Weg heute wäre gar nicht so schlimm gewesen, wenn es nicht so weit, (36km) und dann noch verlaufen, bei langen Asphaltstrecken in dieser Hitze gewesen wäre. Nun gut – auch wieder geschafft. Am Abend regnet es noch in heftigen Gewitterschauern. Ich komme um 22.30 Uhr wieder trocken in mein Hostal auf der anderen Seite. Ich schlafe schlecht, weil der Fluss, der direkt unter meinem Fenster fließt, lautstark hinabströmt.

## Freitag / Viernes  25. Mai 2007 Von Villafranca del Bierzo nach O Cebreiro

Dieser Weg ist gefürchtet und wird bezeichnet als "der harte Weg". Trotzdem nehme ich mir vor, die ganze Etappe bis O Cebreiro zu gehen. Darum habe ich auch schon in „Mesón Antón" ein Zimmer bestellt. Walter Witten und einige andere planen wegen der fast erschreckenden Beschreibung in ihrem Reiseführer von vorn herein, zunächst einmal nur bis La Faba zu gehen.

Zunächst geht der Weg einmal sehr lange leicht bergan an der Strasse entlang. Ein Fußweg neben der Strasse, gut zu gehen, allerdings Asphalt.

Mein Quartier auf der anderen Seite in Villafranka del Bierzo erweist sich  heute Morgen insofern vorteilhaft, als dass ich sehr nahe am Camino hinaus aus der Stadt bin. Ich gehe entlang der Strasse durch den Tunnel und treffe danach sofort auf die Pilger auf dem Camino.

„**Zum Kuckuck**", da ist er wieder – der Kuckuck, der mich schon seit dem ersten Tag nach dem Ortsausgang in Pamplona begleitet. Jeden Morgen, so zwischen 9 und 10.oo Uhr begrüßt er mich mit anhaltenden Kuckuck-Rufen. Inzwischen grüße und pfeife ich immer zurück und das ist sehr schön. Er begleitet mich dann täglich über viele Stunden – nur in Orten, Dörfern oder Städten ist er nicht zu hören. Es ist ja äußerst unwahrscheinlich, ja fast unmöglich, dass es immer der gleiche Kuckuck ist, denn das geht ja nicht nur über hunderte von Kilometern. Schließlich liegen da noch die 180 km von Burgos bis Leon dazwischen, die ich mit dem Bus gefahren bin. Demnach muss es hier nicht nur viele Störche, sondern auch viele Kuckucks geben. Aber warum immer ab etwa 9.oo Uhr; und immer auf der linken Seite neben mir in einem kurzen, laut wahrnehmbaren Abstand. Es macht mir Spaß ihm zu antworten und zu rufen: „Hallo, da bist Du ja wieder – oder schön dass Du wieder da bist".

Zum wiederholten Mal habe ich heute sogar wieder den Eindruck, dass mich der Kuckuck mit seinem Ruf daran erinnert, dass ich heute noch gar nicht gebetet habe. Irgend wann im Laufe des Tages kommt es ja ganz automatisch zu einem Gebet; aber ich habe mir bereits seit dem zweiten Tag, - nach Puente la Reina – angewöhnt, morgens, sobald ich aus dem Ort heraus in der freien Natur bin, meinen ganz persönlichen „Gottesdienst" (mir fällt kein besseres Wort dafür ein) zu halten. Ich beginne meist mit dem „Vater unser" und bedanke mich für die vergangene Nacht, und dass ich wieder so fit bin.

Manchmal, bei schönem Wetter beginne ich auch damit, laut ein Lied zu singen. Zum Beispiel:
„ Wem Gott will rechte Gunst erweisen,
den schickt er in die weite Welt,
dem will er seine Wunder weisen,
in Berg und Tal und Strom und Feld.....

Wenn ich gut drauf bin und es mir Spaß macht, oder mir irgendwann der Text ausgeht, kommt sofort das zweite Lied hinterher:
„Im Frühtau zu Berge wir zieh'n fallera,
es grünen die Felder die Höh'n fallera.
Wir wandern ohne Sorgen
singend in den Morgen,
noch ehe im Tale die Hähne kräh'n.“

Irgendwann kommt manchmal auch:
„Wohl auf in Gottes schöne Welt,
lebe wohl ade,
die Luft ist blau und grün das Feld,
lebe wohl ade,
wir wandern mit dem Sonnenschein ........
Das sind alles Lieder, nach deren Takt man auch sehr gut und flott gehen kann.
Zweimal habe ich sogar Mitpilger und Pilgerinnen gehabt, die mich gehört haben, stehen blieben und mitgesungen haben. Man freut sich kurz zusammen und jeder geht dann wieder seinen Weg, aber immer wieder nette kurze Gespräche. Irgendwo sieht man sich dann mal wieder und lächelt sich sofort in der lustigen Erinnerung an.

Und dann kommt jeden Morgen die Auswahl oder Be-
stimmung, wem widme ich den heutigen Tag. Das habe
ich irgendwo gehört oder gelesen; und auch Monika
hat jeden Tag festgelegt, für welchen lieben Menschen aus ihrer Familie oder Freundeskreis sie den
heutigen Weg geht.

Das habe ich ohne irgendwelche Abstriche so über-
nommen. Ich vertrete schon immer die Meinung, das
so etwas nichts mit nachmachen, kopieren oder ganz
negativ gesagt abkupfern zu tun hat. Im Gegenteil,
hier gilt das weise Zitat:

**„ Es ist keine Schande, auf die Schultern
eines anderen zu steigen, um selbst mehr
zu sehen!"**

so widme ich also nicht nur den Tag einem lieben Men-
sche, Familienmitglied, Verwandten oder Freund; ich
bete auch an diesem Tag besonders für ihn.

Darum folgt in meinem so genannten „Gottesdienst"
die Formulierung einer Fürbitte, die ich dann allerdings nicht als Fürbitte bete, sondern in meinem Rosenkranzgebet an der jeweiligen Kapitelstelle im
„Gegrüßet seist Du Maria" immer wieder einsetze. So
mache ich mir also mein eigenes Gebet und ich glaube,
dass man das darf.

Als zum Beispiel mein Enkelkind „Carlo" dran war,
folgte jedes Mal in allen 10 „Gegrüßet seist Du Maria"
an der entsprechenden Stelle: „der Du unserem lieben
kleinen Carlo ein glückliches, gesundes und zufriede-
nes langes Leben schenken wollest".

Diese Art, so persönlich zu beten, hat auch mich jeden Tag immer wieder glücklich gemacht. Darum habe

ich das Gefühl, dass es Gott gefällig ist und mache so weiter.

Allerdings geht mir auch die Frage nicht aus dem Kopf: „Woher kommen diese „überirdischen" Kräfte, die jeden Pilger hier auf dem Camino so beeinflussen, bewegen und gedanklich anregen"? Jeder sagt, dass er spirituell berührt wird, was sich durch Glücksempfinden oder sonst fast unbeschreibliche Gefühle zeigt. Auch die Veränderung, die so viele auch lange nach dem Camino spüren, bleibt mir noch unerklärlich. Da wird unter anderem von „schlauen Menschen" viel geschrieben, dass das Universum, das heißt die Sterne den Menschen auf dem Jakobsweg beeinflussen. So soll auch die Milchstrasse genau entlang dem Camino verlaufen. Selbst wenn das so ist, trotzdem kann ich das alles nicht nachvollziehen, denn wie wir alle wissen, dreht sich die Erde. Dann gäbe es viele Zeiten, in denen die Milchstrasse nicht über oder parallel zum Jakobsweg verläuft. Dann müssten diese Kräfte zu bestimmten Zeiten auch an den jeweiligen anderen Stellen der Erde auftreten, und zu diesen anderen Zeiten wären diese Empfindungen nicht auf dem Camino!!! Jedenfalls ist da irgendetwas, was Einfluss auf uns nimmt. Warum sonst gehen seit vielen hunderten von Jahren die Pilger gerade diesen Weg. Warum erwarten viele Pilger auch heute immer wieder auf diesem Weg eine Antwort auf ihre Fragen? Warum wollen sie gerade hier eine wichtige, lebensbeeinflussende Entscheidung treffen? Fragen über Fragen.

Da ich keine Antwort hierauf finde, begründe ich es zumindest für mich selbst vergleichbar mit dem „Glauben". Das ist auch etwas, was man nicht sehen, nicht beweisen und einem Ungläubigen auch nicht erklären kann. An Gott, und die Christenlehre muss man einfach glauben; - oder eben nicht.

Bei Vega de Valcarce geht der Camino von der Schnellstrasse ab auf eine kleinere Strasse, die noch durch einige kleine Ortschaften oder Pueblos führt. Einige Pilger sehe ich, die schon in den Orten davor, oder ab Vega de Valcarce ein Taxi nehmen, was ab hier in jeder Bar durch ausliegende Visitenkarten von Taxiunternehmen angeboten wird. Auch sieht man immer wieder vorbeifahrende oder pendelnde Kleinbus-Taxen als die beschriebenen Gepäck-Transfers, weil eben der Anstieg so schwer und anstrengend ist. So fahren schließlich auch einige dann selbst mit ihrem Gepäck mit; und wenn ich so manche Fußkranke oder „ältere Leute" sehe, dann habe ich sogar Verständnis dafür.

Noch vor wenigen Tagen ist kurz vor Pamplona im Gebirge wieder ein Mann umgefallen und war sofort tot. Das kann doch auch nicht der Sinn des pilgerns sein. Jeder sollte sich in seinen Leistungsgrenzen bewegen. Außerdem ist ein Radpilger bei der Abfahrt nach Molinaseca tödlich verunglückt, weil er die „steile Abfahrt" unterschätzt hat. Jetzt wird mit einem Warnmal darauf hingewiesen.

Den neuen „Camino duro" von ca. 3 km Umweg über den Berg wollte ich mir verkneifen weil ich gelesen hatte, was mir der heutige Tag noch so alles bescheren würde. Das sahen augenscheinlich die Meisten so.

So geht es irgendwann selbst von der kleinen Strasse zunächst noch auf einen Weg; aber dann steil bergauf über Schotter- und Felspfade mit unregelmäßigen, wilden hohen Stufen. Die einzige, aber schöne Entschädigung sind die wundervollen Ausblicke in die Täler, die in alle Richtungen neben und hinter mir liegen. Ich gehe heute den ganzen Tag alleine und spreche kaum mehr als:

„ holla, buenos dias, buen camino"; oder in der Bar: „hola, una café oder Zumo naranja".

In "**La Faba**" möchte ich, total erschöpft, am liebsten auch das Handtuch schmeißen. Als ich aber die Häuser sehe, und das es nur eine Herberge gibt, entschließe ich mich, nach einer kurzen Pause in aller Ruhe langsam weiter zu gehen. Über„**La Laguna**" geht es weiter steil bergan noch 5 km bis „**O Cebreiro**".

Der Nebel wird in der Höhe von 1250 m immer dichter und es regnet wieder so langsam vor sich hin. Ohne Regenponcho geht es nun wieder nicht.

Ganz oben schwindet nun auch die Sicht vollkommen und ich bin froh, es geschafft zu haben. Bei den wenigen Häusern in O Cebreiro stehe ich sofort vor der Bar / Mesón Antón. Die Buchführung des Antón weist leider wieder nicht das von mir reservierte Zimmer aus. Seine Frau besorgt mir aber sofort im Nachbarhaus „Mesón „Carolo" ein Zimmer.

Es hat schon seinen Grund, warum ich es mir erst ansehen soll. Ich breche vor Entsetzen fast zusammen; aber was soll ich machen? Vielleicht immer noch besser als in dieser Herberge hier, die aus Containern zusammengestellt ist. Ich denke, auch diese Nacht wird vergehen; aber es schüttelt mich schon gewaltig. Allein über dieses Zimmer oder Haus könnte ich ein ganzes Kapitel schreiben.

Ein solches Zimmer würden wir in Deutschland, oder auch sonst wo, schon bei der Ansicht gar nicht erst betreten. Zwei alte vergammelte, durchgelegene Eisenliegen, hinter die an die Wand zwei Kopfornamente geschraubt sind. Die Bezüge und Auflagen sind entsprechend. Ich zweifle, ob sie in diesem Jahr schon einmal gewaschen wurden? Kein Stuhl, kein Tisch, nur ein uralter Schrank, der sich auch mit Gewalt nicht öffnen lässt. Wäre die zweite Liege nicht, müsste ich alle meine Sachen auf mein Bett legen, indem ich auch liegen möchte, denn der Fußboden ist total nass. Die Wasserlache steht bis in die Toilette und ich weiß nicht wo das Wasser her kommt. Es stinkt jedenfalls nicht nach Toilettenwasser, darum nehme ich an, dass es aus der Leitung oder aus dem Abfluss kommt.

Es wird ja kräftig gebaut und umgebaut, da wird das irgendwann mit behoben werden. Davon habe nur ich jetzt nichts. Die Hauswirtin will mir später einen Lappen oder Aufnehmer bringen, um aufzuwischen – vergisst sie aber. Das gesamte sehr kleine Bad ist komplett schimmelig und stockfleckig. Ich versuche zu duschen, ohne den fleckigen Duschvorhang zu berühren – fast unmöglich. Wie gerne hätte ich im Freien geduscht oder gewaschen – geht leider auch nicht.

Seit der großen Herberge in Molinaseca, wo ein Großteil der Betten draußen gestanden hat und die meisten zwar überdacht, aber dennoch im Freien schlafen mussten, versucht hier jeder ein Zimmer – egal wie – zu bekommen. Schlimmer wie hier kann es aber wohl nicht mehr kommen. Im Bad keine Ablage für irgendetwas; - Toilettenpapier nass, - und alles andere sehr feucht.

In der Bar „Carolo" ist es kalt. Ich friere. Bin zwar noch halbwegs trocken unter meinem Poncho bis hierher gekommen, aber seit ich hier bin regnet es immer stärker. Am Eingang der Bar liegen einige Rucksäcke, die vom Gepäcktransfer bereits hierher gebracht wurden. Sie werden so langsam nacheinander abgeholt.

Hier oben gibt es sogar ein Touristbüro mit einem tollen Stempel. Die Dame dort ist sehr nett und gibt mir noch weitere Unterlagen und eine Schutzhülle, die mein Credencial vor Regennässe schützen soll. Sie empfiehlt mir noch, unbedingt in die Kirche hier zu gehen. Das hat sich auch gelohnt, denn sie ist wunderschön. Es spielt eine leise sakrale Orgelmusik. Ich stecke eine Kerze an und bleibe eine Zeit zur Besinnung dort. Dann hole ich mir den schönen Stempel und schaue das Pueblo noch kurz an. Die vier oder fünf Häuser sind wirklich schnell besichtigt.

Kurz vor O Cebreire haben wir ja die Grenze nach Galizien überschritten.

Viele Pilger, insbesondere Spanier, steigen wirklich hier ab Galizien erst in den Camino ein. Es sind nun noch 150 km bis Santiago de Campostella. Ich kann es kaum fassen – und das „Schlimmste" habe ich ja wohl auch geschafft. Wenn ich weiter so laufe, kann ich es ab morgen in 7 Tagen schaffen.

Es ist so kalt hier oben in 1250 m Höhe, dass ich wohl heute erstmalig in meiner bisherigen „Ausgehhose" schlafen werde. Eigentlich ist es eine leichte Jogginghose – hat aber noch niemand bemerkt. Auch mein Fleecepullover wird heute zum Schlafen „in Betrieb genommen".
Das gesamte Dörfchen ist noch sehr primitiv und die wenigen Menschen hier, müssen nicht wie wir einmal übernachten, sondern sie wohnen und leben hier.
Weil die Pilgerströme inzwischen jährlich stark zunehmen, wird auch dieses Gebiet ganz besonders aus EU-Geldern mitfinanziert. Ebenso die Einheimischen haben ihre Chance erkannt und investieren kräftig. Sie verdienen natürlich auch sehr gut, denn wenn sie für „diese Zimmer" inzwischen 37 € pro Nacht verlangen und täglich ausgebucht sind, dann können sie

auch gut investieren; und es wird sich lohnen. Für diese Preise müsste es eigentlich bald bewohnbare Zimmer mit erträglichen Betten und funktionellen Bädern geben.

Hier wird mir wieder bewusst, wie gut wir es haben und wie verwöhnt wir vielleicht auch sind. Auf dem Camino wird man demütig und bescheiden. Mir wird bewusst, dass ich mehr, als ich an meinem Körper trage und in meinem Rucksack habe, über Wochen gar nicht brauche; dass mehr nicht nass werden und mehr nicht kaputt gehen kann.

Ich darf nicht vergessen, dieses Pueblo O Cebreiro noch zu fotografieren. Dann trinke ich noch zwei kleine Gläser Rotwein; und lege mich um 21.oo Uhr ins Bett.

Das regelmäßige kurze Telefonat mit Gabi und noch etwas lesen. Ich stehe gar nicht mehr auf und schlafe irgendwann frierend ein.


**Samstag / Sàbado 26. Mai 2007**
**Von O Cebreiro nach Triacastela**

Diese Tagesetappe ist mit 22 km und 7 Stunden Laufzeit angegeben. Es ist total nebelig als ich losgehe. Dadurch bleibt mir der schöne Ausblick auf diese wundervolle Gebirgslandschaft heute leider verwehrt. Als ich mein Zimmer verlasse gestikuliert mir eine Dame, Putz- oder Waschfrau, ich soll zurück um das Haus in die Bar Carolo. Dort könnte ich frühstücken. Da stand aber schon einer vor der verschlossenen Tür. Also beschließe ich, ohne

Frühstück zu gehen um ebenso wie das Pärchen aus Norddeutschland beabsichtigt, in der nächsten schönen Bar zu frühstücken.

Da kommt der erste Adrenalinstoß. Meine Stöcke sind nicht da und ohne diese ist dieser Weg schier unmöglich zu gehen. Nach gedanklicher Recherche bin ich sicher, dass ich meine Stöcke gestern bei der Ankunft ein Haus vorher in dem Meson Anton habe stehen lassen, wo ich eigentlich übernachten wollte. Nun war aber in dem total in Nebel eingehüllten O Cebeiro noch alles tot und dunkel. Jeder einzelne Pilger war irgendwann vielleicht so ab 6.oo Uhr – bis dahin war es dunkel – aufgestanden und losgegangen. Ich überlege, ob ich bei "Anton" vielleicht schellen könnte. Gehe zur Tür und staune – es ist alles offen. Die Bar ist tot, dunkel, leer; aber quasi "Selbstbedienung". Meine Stöcke stehen noch genau in der Ecke, wo ich sie hingestellt hatte. Mir fällt ein Stein vom Herzen, bin sehr froh und gebe ein Stoßgebet von mir: "Gott sei Dank"! Ich sah mich schon einen Pilgerstab kaufen und mir diesem langen wenig hilfreichen Stock herumstochern.

So ziehe ich los, gehe wie andere Pilger in Richtung Strasse, weil der andere Weg bei der Sicht von 20 – 30 Meter nicht begehbar wäre. Schnell hole ich auf der Strasse die ersten Pilger ein. Die nebelige Luft ist so nass, dass ich im Regenponcho laufen muss obwohl es gar nicht richtig regnet.

Zunächst geht es nochmals richtig bergauf, bis zum Pass "alto de Poio" auf 1337 Meter Höhe.

Da sehe ich jemanden vor mir auf der Strasse etwas aufheben. Ich denke noch: "das ist aber gefährlich bei dieser schlechten Sicht auf die Fahrbahn zu gehen". Ich komme näher und erkenne einen Pilger, der von der Strasse ein ganz junges Rehkizchen aufgehoben hat. Es war offensichtlich angefahren worden, aber zumindest äußerlich sichtbar nicht sehr schwer verletzt. Der Mann ist ein Spanier und hat einen ganz tollen Griff, das Rehkizchen zu halten. Dieses bleibt auch ganz ruhig in seinem Arm liegen. Bei ihm ist eine Frau, die sehr gut deutsch spricht. Sie wollen das Rehlein mitnehmen bis ins nächste Dorf, um es dort bei eine pflegebereiten Familie abzugeben.

Als ich den Spanier nachmittags wieder treffe, erzählt er mir ganz glücklich, dass alles gut gegangen sei und dass das Rehlein bei einer Frau an der Flasche sofort Milch getrunken hätte. Also wird es bestimmt durchkommen und wieder gesund werden. Ich hatte es morgens noch mit ihm fotografiert und bin auch sehr froh über diese Nachricht.

In dem nächsten Ort "Hospital" ist die Albergue – Bar so voll mit "Frühstückern", dass ich bis zur nächsten Bar weiter gehen werde – kommt aber in diesem Ort keine mehr. Also weiter. Ist ja auch kein Problem, denn erstens habe ich genug zuzusetzen und zweitens bekäme es mir gut, ein paar Kilogramm abzunehmen. Außerdem habe ich zur Not immer noch Müsliriegel und Wasser dabei.

Direkt auf der Passhöhe Alto de Poio ist dann die nette kleine Bar "Posada". Auch hier kehren einige ein und es ist sehr gut und auch preiswert. Der freundliche Wirt bestellt mir in der Küche ein Frühstück mit endlich mal wieder richtigem Brot.

Dicke Scheiben Weissbrot getostet mit Butter, Marmelade, Cafè grande con leche und Zuma naranja. Eine ältere "Schwabentante", die bei einigen Mitpilgern schon bekannt zu sein scheint, will mir mit Gewalt ein Gespräch aufzwingen. Sie berichtet schneller als es jemanden interessieren könnte von zu hause, von ihrem französichen Freund, der nun einen Herzinfarkt hat weil er gar nicht aufhören wollte zu arbeiten, von der riesigen Geburtstagsfeier ihrer Tochter, die jetzt 50 wird, und von ihrer Hüfte, weswegen sie schon einmal abbrechen musste und jetzt so gerne durchhalten möchte.

Leicht irritiert nutze ich eine Atempause, stemple meinen Pilgerpass selbst ab, ziehe mich wieder wetterfest an und wünsche ihr noch einen "buen camino"

Ein steiniger Weg, entlang einer Mauer nahe der Strasse. Nach etwa 4 – 5 km in Pontecampaña lese ich Casa Domingo "Albergue Rual". Das macht einen guten Eindruck, ein Espresso und den Stempel würden wieder Freude bringen. Ganz anders. Der Espresso wird angenehm duftend an der Bar serviert und ich will meinen Pilgerpass zum abstempeln vorlegen, - da, ein erneuter Adrenalinstoss; ja fast schon ein Schock. Meine Mappe mit den bereits zwei vollgestempelten Credenzialen, mit dem Abholschein für mein Päckchen, das ich nach Santiago vorausgeschickt habe und noch einigen weiteren Papieren, die allerdings nicht ganz so wichtig sind fehlen in meiner Tasche. Ich habe es vor etwa einer Stunde in der vorherigen Bar noch gehabt. Der Wirt erkennt sofort meine Nervosität, als ich ihn nach einem Taxi frage, das mich zurückfahren könnte und ob ich meinen Rucksack so lange hier lassen kann. Er spricht kurz mir seiner Frau und bietet mir dann an, mich mit seinem Auto die 5 km zurück zu fahren.

Wir fahren auf der Hauptstrasse N 547 zurück und ich sehe auf dem seitlich verlaufenden Pilgerweg mindesten 20 – 30 Pilger auf dieser Strecke, die nach mir gekommen sind. Wieviele von ihnen in der besagten Bar eingekeht waren weiss ich nicht; aber ich überlege bereits mein weiteres Vorgehen, wenn die Klarsichtmappe nicht mehr in der Bar sein sollte. Ich würde wieder mit Señor Domingo zurückfahren und jeden einzelnen kommenden Pilger nach meiner Mappe fragen. Aber mit Hilfe des hl. Antonius, (den Helfer bei verlorenen Dingen) und dem nötigen Pilgerglück, liegt meine Mappe noch komplett so auf dem Stempeltisch, wo ich sie habe liegen gelassen.

In dieser Bar ist auch gerade das norddeutsche oder Hamburger Paar angekommen, die ich heute morgen sofort nach dem Rehlein als erste überholt habe. Sie nennen mich inzwischen "Silberpfeil". Sie hätten mir meine Mappe auch gerne mitgebracht; aber wer konnte wissen, dass sie hier hineingingen; und woher sollten sie wissen, dass dies meine Mappe war die hier lag. Die Pilgerausweise haben ja auch gar kein Passbild. Egal, es ist gut gegangen und wieder plumpst ein Stein von meinem Herzen.

Der nette Barbesitzer nimmt mich mit seinem Auto wieder mit zurück  zu seiner Bar. Ich trinke einen Espresso und gebe ihm ein Trinkgeld. Es lehnt es absolut ab, mehr als 5 € anzunehmen. So bedanke ich mich ganz herzlich und ziehe weiter.

Die "Schwabentante", die mich ein bisschen zugetextet hat, erwähnte noch, dass sie gar nicht wisse, warum hier und in den Reiseführern alle vor den wilden, angreifenden Hunden warnen. Die sind doch alle so brav. Keine 30 Minuten später werde ich und vielleicht auch sie auf dem gleichen Weg eines Besseren belehrt. Gleich drei Hunde und gar nicht mal kleine, rennen auf mich los und wollen mich angreifen. Ich habe Angst, schreie laut und schlage wie wild mit meinen Stöcken um mich. Irgendwann lassen sie ab. Ich habe gesehen, dass einer der Hunde bereits große Narben am Kopf und an der Schnauze hat. Wahrscheinlich ist er bei so einem Angriff bereits einmal getroffen worden Das Pfefferspray, das ich eigens für diesen Zweck mitgenommen hatte, ist in meinem Rucksack und da ist jetzt so schnell gar nicht ran zu kommen. Ich nehme mir vor, ab morgen das Pfefferspray in meiner Hosentasche oder in der kleinen Umhängetasche zu deponieren, um es bei Bedarf sofort griffbereit zu haben. Nun war die Atakke für heute zunächst einmal abgewehrt.

Dann geht es vier Stunden lang steil bergab. Das ist wieder gar nichts für meine Knie und das rechte zweifach operierte Knie will am Schluß gar nicht mehr und ich stütze mein Gewicht mehr auf meinen Wanderstöcken als auf meinen Gelenken ab. Dieser Gang muß arg komisch aussehen – aber so eine eigenartige Gangart ist man hier von den vielen Fußkranken gewöhnt.

Ich schaffe diese Sieben–Stunden-Etappe in knapp sechs Stunden und das hat mir auch gereicht.

In Tricastela angekommen, nehme ich in der Bar Fernàndez sofort das Zimmer, auch wenn Dusche und WC auf dem Flur sind. Ich telefoniere mit Walter und reserviere sofort für ihn das einzige noch freie Einzelzimmer. Er ist ebenso wie die beiden "Nordlichter" etwa 1 ½ Stunden hinter mir. Wir treffen uns, als ich bereits geduscht und frisch bin. Trinken ein großes Cerveca con Limon zusammen, dann legt sich Walter Witten ein Stündchen hin. Zum Abendessen wollen wir uns wieder treffen.

Ich mache einen Rundgang durch den Ort – da sitzen die drei Cluberer aus Erlangen; Geraldiño, Hans und Walter I., zusammen mit einer ganzen "Horde" von Pilgern, die wir uns immer mal wieder begegnet sind.

Auch die beiden Wiener Hans und Erich sitzen hier bei einem Glaserl Wein.

Da kommt der lustige Dorfpfarrer vorbei, sammelt uns alle ein und nimmt uns mit in die nur einige Meter entfernte Kirche zur Pilgermesse. Das macht er sehr schön und locker. Jeder erhält dessen kurze Ansprache in seiner Landessprache. Es ist eine sehr gute kurze Erklärung über das Pilgern auf dem Jakobsweg. Seine Worte haben mich sehr beeindruckt und ich gebe nachstehend in Stichworten einige seiner Aussagen zitiert wieder:

" Der Weg nach Santiago bedeutet:

Gemeinschaft aller Völker, die völkische Überheblichkeit ausschließt. Wir fühlen uns hier alle wie eine große Gemeinschaft und jeder Einzelne fühlt sich als Glied dieser wandernden Gemeinschaft. Geschwisterlichkeit, Zusammenleben....

1. Ein Finden zu sich selbst.
2. Ein sich öffnen zu den Mitmenschen.
3. Ein Zugang zu unserem eigenen Inneren, damit wir unsere Fähigkeit zur Hingabe an die Mitmenschen entdecken.
4. Ein Suchen und ein Finden. Ein Suchen nach dem eigenen Ich, denn wir sind uns oft selber ganz Unbekannte.
5. Das Aufstellen einer Werte-Scala; denn die wirklichen Werte des Daseins befinden sich im Zug unseres Lebens meist im letzten Wagen
6. Ein schmieden von Plänen, die durchführbar und wirklichkeitsnah sind.
7. Ein Gläubigsein aus Liebe, nicht aus Furcht und Angst.
8. Ein Zeitzeuge sein für Gott und den Glauben.
9. Eine Zeit, unsere Fehler und Irrtümer einzusehen und auszumerzen.
10. Ein Angebot Gottes anzunehmen, den Glauben und die Frohe Botschaft anzunehmen und weiter zu tragen.

Denn für all das ist es nie zu spät!" – Zitat Ende.

Der Höhepunkt in der Pilgermesse ist dann, als Hans aus Erlangen sich vor der Kommunion in den Mittelgang stellt und a-capella das " Ave verum, corpus natum" von Mozart solo singt. Er singt es mit einer Stimme und Hingabe, dass alle Kirchenbesucher, egal welcher Nation und welchen Glaubens beeindruckt und tief gerührt sind. Zum Abschluss singen wir dann alle noch gemeinsam: "Großer Gott wir loben Dich". Der Pfarrer bedankt sich für diese ganz und gar nicht alltäglichen Einlagen und wünscht uns nach dem Pilgersegen einen"buen camino".

Nach diesem erbauenden Gottesdienst gehen wir in einer großen Gruppe gemeinsam an einer langen Tafel zum Abendessen. Bei dem angebotenen Pilgermenü zu 12,-- € kannjeder bei allen drei Gängen noch unter drei bis vier verschiedenen Gerichten auswählen.
Ob Suppe, Salat, Bohnen. usw als Vorspeise, diverse Fleisch oder Fischgerichte als Hauptgang und Obst, Joghurt, Eis oder Flan als Dessert. Natürlich gehörte der Wein wie immer zum Gericht.
Wir beschließen den Abend feucht fröhlich, je nach Unterkunft; die "Herbergskinder" früher, die "Freigänger" etwas später. Walter Witten und ich begeben uns zur Bar Fernàndez, gehen aber sofort schlafen in der Hoffnung, dass die morgige kürzere Strecke nicht so anstrengend werden wird. Ich stelle mir noch den Wecker am Telefon auf 24.oo Uhr Mitternacht und bereite zwei SMS vor, die ich zunächst in "Entwürfe" speichere. Weil ich ja mit dem Handy eigentlich nur telefoniere und in allen anderen Funktionen ein Handymuffel bin, brauche ich schon eine ganze Weile für die zwei Texte. Darum lohnt sich das Einschlafen bis 24.oo Uhr auch gar nicht mehr. Wenige Minuten später kann ich beide SMS abschicken.
"An Gabi, um ihr zu unserem 35. Hochzeitstag zu gratulieren" und an unsere Tochter Daniela, die an

unserem Hochzeitstag geboren wurde und heute ihren 22. Geburtstag feiern kann".

Ich verstehe, dass beide es nicht so ganz toll fanden, als ich meinen Reisetermin bekannt gab und das ich an diesem Ehrentag nicht zu hause sein würde. Weil ich es aber anders in meinem Terminkalender nicht unterbringen konnte und ohnehin nur maximal vier Wochen Zeit habe, war das Verständnis dann doch da, wofür ich mich an dieser Stelle auch nocheinmal bei meinen "beiden Frauen" herzlich bedanke.


## Pfingstsonntag / Domingo  27. Mai 2007
## Von Triacastela über Samos nach Sarria

In unserer Unterkunft, Bar Fernàndez, in der Walter Witten und ich in Zimmer 1 und 2 geschlafen haben war es sehr ruhig. Da der Tag nach unserem Plan und Reiseführer nicht so lang und anstrengend werden sollte, können wir ruhig etwas länger schlafen, oder einfach nur liegen bleiben und ausruhen. Wir haben keinen Aufstehtermin abgesprochen. Walter geht meist schon recht früh oder aber vor mir. Weil ich ihn bis 7.3o Uhr immer noch nicht höre, denke ich dass er sich schon ganz leise vom „Acker" gemacht hat.

Als ich um 8.00 Uhr fertig bin und losgehen möchte, ist die Bar unten noch geschlossen und auch sonst war dort überhaupt niemand. Ich gehe wieder hinauf, lasse den Schlüssel in der Zimmertür stecken und lege die 30 € auf die Konsole neben meinem Bett.

Dann werde ich eben wieder einmal unterwegs frühstücken.

Sofort an der nächsten Ecke treffe ich die drei Cluberer, Geraldiño, Hans den Sänger und Padre Walter I. Wir gehen ein Stück zusammen und schon fängt es wieder an zu regnen. Gut dass wir noch zusammen sind, denn so können wir uns gegenseitig helfen, den Regenponcho über alles, das heißt auch über den Rucksack, ziehen. Dann gehe ich wieder meinen Schritt, denn ich bin etwas schneller als die Drei. Denke ich zumindest, oder wäre ich gewesen, wenn ich mich nicht verlaufen hätte. Mitten in einem kleinsten Dörfchen / Pueblo habe ich einen Pfeil nicht gesehen und bin dann ca. 2 km falsch gelaufen. Es war gar nicht möglich, anders oder besser wieder auf den Camino zu kommen. Also blieb mir gar nichts anderes übrig, als die 2 km wieder zurück zu gehen.

In dieser Zeit müssen mich außer einigen anderen auch die drei Cluberer wohl überholt haben.

Für den heutigen Tag ist im Reiseführer ein zweiter Alternativweg aufgezeichnet. Der längere Weg über Samos mit dem bekannten Kloster Samos ist rund 6 km länger. Weil diese Strecke in den unterschiedlichen Reiseführern auch unterschiedlich empfohlen ist, hatten wir alle gemeinsam vor, den kürzeren Weg von knapp 20 km zu gehen. Das hat leider, oder später doch Gott sei Dank nicht funktioniert. Als ich am späten Vormittag eine Strasse überqueren muss, sehe ich dort ein Schild „Samos 1 km". Nun ist mir klar, dass ich mich nicht nur einmal verlaufen habe, sondern auch noch den zwar beschilderten Jakobsweg aber die weitere Alternativstrecke über Samos gewählt habe. Nun ist es eben so, darum gehe ich weiter nach Samos. Unmittelbar hinter einer Kurve am Ortseingang sitzen plötzlich die drei Cluberer und machen eine „Lebensmittelpause" Auch wenn die Cluberer in der Bundesliga nicht immer auf den vorderen Rängen spielen, so sind diese drei im Einkauf und Verzehr von „Leckereien" und „Schleckereien" für mich die Weltmeister. Würde ich so viele Nüsse und Schokolade noch neben den Mahlzeiten essen, so wäre an abnehmen nicht mehr zu denken – im Gegenteil, ich würde 3 – 5 kg zunehmen. Aber sie gefallen mir, die Drei und ich geselle mich zu ihnen. Ich hatte ja auch noch kein Frühstück. Darum kaufe ich mir eine Banane, einen Apfel, ein kleines Stück Brot und einen O-Saft. Wir essen alle zusammen dort auf der Strasse vor dem „Tante-Emma-Lädchen" – auch wenn die Emma in diesem Fall ein Mann ist.

Wir staunen alle vier nicht schlecht, dass wir hier in Samos gelandet sind und überlegen, wo wir schon zu Beginn nach Triacastela falsch gegangen sind. Egal, nun sind wir hier und später wird es sich als ein sehr „guter Fehler" erweisen; Und wenn wir nun schon einmal hier sind, dann wollen wir uns auch den beschriebenen „Klosterstempel" holen. – Fehlanzeige –

Kloster zu! - Kirche zu! - Herberge zu! -   Da kommt uns ein Pater entgegen, den wir nach diesen für uns „Missständen" befragen. Er empfiehlt uns eindringlich, doch zu warten bis das Kloster wieder geöffnet wird, um uns dieses anzusehen. Es sei ein absolutes Muss, denn das Kloster ist nicht nur das älteste Spaniens sondern auch das Älteste der westlichen Welt.

Es wurde bereits im 6. Jahrhundert gegründet und wurde im 16. – 18. Jahrhundert in seinem Renaissance- und Barockstil erstellt. Die beiden Kreuzgänge sind höchst sehenswert.

Die Pfingstmesse ist um 12.15 Uhr, und anschließend wird das Kloster zur Besichtigung mit Führung geöffnet.

Wir entscheiden uns, auf den Pater zu hören und zu bleiben. Da kommt aus der anderen Strasse plötzlich Walter Witten und auf der anderen Straßenseite der „Oberfeld" Tobias. Walter ist die Strasse entlang gelaufen, und Oberfeld Tobias war schon länger unterwegs und möchte eigentlich hier übernachten; aber die Herberge ist noch geschlossen.

Nach einem kurzen gemeinsamen Regenaufenthalt in einer nahegelegenen Bar, gehen wir in die Kirche und besuchen die Pfingstmesse. Endlich einmal feierlich mit Orgel, lateinischem Gesang, und mehreren konzelebrierenden Priestern, so wie ich es eigentlich an einem Pfingsttag in einer solch großen Kirche gerne möchte.

Nach der Messe gehen wir zur Besichtigung des Klosters. Es war, auch wenn wir vieles nicht verstanden haben, ein kultureller Höhepunkt des gesamten Jakobsweges. Auch meine Begeisterung spiegelt sich in meinen Fotos wieder, denn auch ich mache mehr als 20 Bilder allein von den Wandgemälden in den Kreuzgängen. Wir haben alle nicht bereut, uns hierher verlaufen zu haben.

Um 14.15 Uhr gehen wir dann los Richtung Sarria. Es sind noch 12 km und wir gehen entlang der Strasse, jeder in seinem Tempo. Ich bin schon bald weit vorne, und in manchen Kurven sehe ich die anderen schon nicht mehr. Dann geht es auch noch einmal kräftig bergan und ich bin mir meines Vorsprungs sicher. Da kommen schwarze Wolken und kurz danach beginnt es wieder einmal kräftig zu regnen. Bis ich meinen Poncho übergezogen habe, kommt schon Geraldiño fast im Laufschritt herangestürmt. Er wird bei Regen so schnell – das ist nicht zu toppen. Hinzu kommt, dass er auf den Strecken entlang der Strasse immer die langgezogenen Kurven „schnippelt". Er rennt also immer Innenbahn. Damit kürzt er wohl sicher einiges ab – er hat es offensichtlich ausgerechnet – denn er betreibt es vehement. Kurz vor Sarria hört es auf zu regnen und sofort scheint wieder die Sonne. Wir fühlen uns wie „laufende Wäschetrockner", passen unser Tempo wieder dem Wetter an und Gerd und ich gehen die letzten 1 –2 km zusammen. Es ist klar, dass wir am Ortseingang Sarria auf die anderen warten werden – nur wo? Ich bin sicher, dass es an jeder wichtigen Wegkreuzung eine Bar gibt. Und richtig. Genau an der Kreuzung, wo es links ab zum Zentrum bzw. zur Kirche und Herberge geht, ist eine wie für uns geschaffene Bar, mit großem Schaufenster und Sitzreihe nach draußen. Sehr schnell sind Gerd und ich zu der netten Bedienung aufgeschlossen, bekommen unser erstes Bier und schließen fast Wetten ab, wer als nächster einläuft. – Richtig getippt. Zuerst kommt Hans der Sänger, dann kommt Walter I der Padre und dann kommt der wie immer mit wenig Ehrgeiz, aber konstant laufende Walter Witten. Damit ist nun endgültig geklärt, wer Walter I und Walter II ist.

Es ist sehr schön hier in der Bar und auch das Bier schmeckt nach diesem „Run". Ich gebe eine Runde aus auf meinen / unseren Hochzeitstag und Danielas Geburtstag. Irgendwie möchte ich das ja auch feiern. Auf dem Weg zu der wirklichen „Designertoilette" werfe ich einen Blick in das Restaurant. Das sieht alles sehr gut aus und auch mein Pilgerfreund Walter Witten ist begeistert.

Wir gehen alle Fünf weiter hinauf zum Hügel in die Altstadt. Direkt oben angekommen ist die Kirche. Sie ist geöffnet und wir gehen hinein. Zwei Damen erkennen uns sofort wieder und bitten Hans, noch einmal das „Ave verum" zu singen. Das ist auch von der Akustik  wieder sehr schön und darum schmettern wir auch gleich danach das „Heilig, Heilig, Heilig" zusammmen. Die Damen sind so begeistert, dass sie uns umarmen. Vielleicht riechen sie dabei, dass wir eben Bier getrunken haben – aber das haben die Mönche ja auch immer getan, - und so gehen wir weiter. Kurz danach ist eine ganz ordentliche Herberge, wo die drei Cluberer auch bleiben. Walter und ich gehen aber weiter, denn wir möchten nicht schon um 22.oo Uhr ins Massenlager geschickt werden. Es erscheint aber heute sehr schwierig ein Quartier zu finden. Uns das in dieser eigentlich schon großen Stadt. Zwischen dem großen, teuren Parador-Hotel und einer Pilgerherberge scheint es hier wirklich auch nach vielem Befragen nichts zu geben. Walter und ich werden langsam verzweifelt. Wir denken auch gar nicht mehr daran, in unser gelbes Paderborner Heftchen oder in den Reiseführer zu sehen. Wir fragen immer nur.

Wie durch eine höhere Eingabe spreche ich auf einer Brücke dann drei ältere Damen an und frage nach einem Hostal oder Hotel. Die Damen reden wenige Worte miteinander bis eine von ihnen sagt: "No Hotel es si, Pension". Wir sagen des Suchens müde – egal, o.k. – wir suchen nur Habitaciones individual con baño o con ducha. Si, si, si – und wir gehen mit. Zwei der Damen laufen weiter und die eine führt uns zu ihrem Haus.

Wir sind mehr als erstaunt, als sie uns in ihrem gepflegten Mehretagenhaus eine ganze Etage anbietet mir vier Schlafzimmern, Bad und Küche. Bei der Preisfrage verstehen wir zunächst 80 € und halten das für nur zwei Zimmer etwas teuer. Auf unsere Bitte schreibt sie den Preis auf und verlangt tatsächlich pro Person für je ein Einzelzimmer 8 €. Wir geben sofort gerne je 10 €, worauf sie uns noch unsere gesamte Wäsche wäscht und am anderen Morgen pünktlich um 7.oo Uhr gebügelt und gefaltet wieder an der Zimmertür abliefert.

Leider haben wir sie bei unserem Aufbruch nicht mehr gesehen. Walter hat ihr dann noch ein Trinkgeld unter ihre Wohnungstür geschoben. Das war ja wieder einmal sensationell.

Typisch Camino – wenn man glaubt jetzt geht nicht's mehr, dann ergibt sich plötzlich alles von selbst, - oder ist das nicht von selbst??? Ich habe ja bereits erwähnt, dass man nicht unbedingt alles, was man dringend benötigt, im „Universum" bestellen muss; man kann auch den direkten Weg wählen.

Nachdem wir uns geduscht, erfrischt und etwas ausgeruht haben, beschließen Walter und ich wieder zurück zu dem Lokal zu gehen, das uns bei der Ankunft in Sarria so gut gefallen hat. Und es war gar nicht weit von unserem Quartier. Allerdings öffnet das Restaurant wie alle Guten hier in Nordspanien erst um 21.oo Uhr. Das nehmen wir in Kauf, denn es scheint ein guter Italiener zu sein und das wollen wir uns heute einmal gönnen.

In einer anderen Bar schräg gegenüber trinken wir unseren „Aperitif" und schreiben noch ein paar Postkarten.

Dann gehen wir zum besagten Italiener zum Essen und sind begeistert. Einen so guten Italiener haben wir in Spanien noch nicht gesehen und muss man auch in Deutschland suchen.

Diesen schönen, gemütlichen und kulinarischen Abend haben Walter und ich sehr genossen.

**Montag / Lunes  28. Mai 2007**
**Von Sarria nach Portomarin**

Nach dieser Nacht in einer ganzen Etage, es hätten noch sechs weitere Personen schlafen können (ein Vierbett- und ein Doppelzimmer waren noch frei), hier teilen Walter und ich uns nacheinander das Bad. Wir verlassen mit komplett frisch gewaschener und gebügelter Wäsche diese Privatpension. Es regnet noch einmal kräftig. Darum gehen wir sofort nebenan in die Bar um sehr ordentlich zu frühstücken. Schon am frühen Morgen kann man gar nicht anders, als Fern zu sehen. Egal wo man hinsieht, unübersehbare Großbildschirme. Ich glaube, hier ist Fernsehpflicht.

So viele Bildschirme in einem Raum habe ich noch nie gesehen; und alles sehr große, vom Feinsten.

Aus der Stadt heraus präsentiert sich der Weg sehr durchwachsen – alles dabei - kaum Asphalt, keine Strassen, Höhen und Tiefen, über Fels und Gestein. Der Weg zieht sich recht lang.
Eine Pause – ein Cafè in Montan. Ich gehe immer ein Stück voraus, aber irgendwann holt mich Walter immer wieder ein. Darum sind wir auch zufällig wieder zusammen, als wir etwa auf der halben Strecke zwischen Sarria und Portomarìn, das Örtchen „Brea" erreichen. Hier steht der markante Meilenstein mit der 100 km Angabe bis Santiago.

Das muss einfach fotografiert werden und zwar von Jedem.
Egal ob ich irgendwo einen Stempel holen möchte, einen „Fotostopp" mache oder wegen meiner Blutdrucktabletten und der Blasenschwäche vormittags öfter mal „Hände waschen muss".
Insgesamt ist der Weg erträglich und mit 23 km sind wir inzwischen auch nicht mehr überfordert, wenn die Wegbeschaffenheit nicht extrem schlecht ist.

Die letzten Meter bis Portomarin sind sehr schön; über die lange Brücke – über den Stausee; und dann die Treppe hinauf in die Stadt Portomarin. Bevor Walter ankommt habe ich mir in den beiden Herbergen bereits meine Stempel geholt. Dann suchen wir uns gemeinsam dieses Quartier; „Hotel Posada del Camino". Die Inhaber sprechen gut deutsch, was schon im Paderborner gelben Heftchen vermerkt ist. Sie waren ein paar Jahre in Frankfurt.

Auch wenn wir hier wieder auf dem Flur ein gemeinsames Bad haben, so ist das Zimmer für 25 € doch o.k. Wir werden doch immer begnügsamer.

Zunächst nehmen wir beide zur Stärkung ein Bocadillo und 2 Cerveca con Lemon. Dann kommt die notwendige Erfrischungs- und Erholungspause.

Danach hole ich noch in der anderen Herberge für uns beide die Stempel und treffe dort wieder meine Wiener Freunde Hans und Erich. Heute sind sie mit dieser Herberge gar nicht einverstanden, weswegen sie sich in einem nahen Hotel ein Doppelzimmer nehmen. Es ist preiswert und sehr gut. Während Walter noch ausruht, schreibe ich wieder die Notizen für mein Tagebuch. Dabei trinke ich meinen Cafè und esse zum ersten Mal ein Stück Santiago Torte. Na ja, die ist zwar sehr bekannt, sogar beim Spanier zu hause in Dortmund, aber für mich ist es nicht so unbedingt ein Leckerchen; oder ich verstehe zu wenig davon.

Dann gehe ich bummeln und halte Ausschau nach einem Internet-Cafe. Ich schaue mal wo Monika jetzt ist. Linda ist nun schon in Villa Franka del Bierzo. Allen geht es gut und jeder geht seinen Camino.

Heute sind wir zum Glück mal nicht nass geworden. Es war und ist immer ein Teil blauer Himmel mit einigen hellen und dunklen Wolken; aber trocken und nicht zu warm.

Nachdem ich mit Gabi telefoniert habe, gehe ich noch einmal in die Internet-Bar und buche einen Rückflug für Sonntag den 3. Juni ab Santiago. Als ich zurück komme, sitzen viele bekannte Pilger auf der breiten Kirchentreppe direkt vor dem Placa Mayor. Ein fröhliches „Sit Up". Es ergeht die Order: um 19.oo Uhr gemeinsames Abendessen! Die drei Cluberer, Walter Witten, Ute Köln,  Mareike aus Holland usw. Tisch im Lokal direkt nebenan ist reserviert. Auch wenn das Lokal nicht so das richtige für uns war, so hatten wir dennoch unseren Spaß. Zur „Sperrstunde" um 22.oo Uhr  gehen fast alle in  ihre Herberge. Mit Walter Witten trinke ich in der Bar unseres Hotels noch eine Flasche Vino tinto und um 23.oo Uhr gehen auch wir schlafen.

**Dienstag / Martes  29. Mai 2007**
**Von Portomarin nach Palas de Rei**

Schon ausgeschlafen und fit, stehe ich um 6.oo Uhr auf. Nach dem schnellen Frühstück in unserer Bar gehe ich auf die Piste. Bei 24 km in diesem Hochgebirge mit diesem Gepäck, da möchte ich schon zeitig unterwegs sein. Walter will etwas später los und ich sollte ruhig schon vorgehen. Es geht über eine andere Brücke zurück über den Stausee und dann wieder

Richtung Westen weiter. Der Weg ist für die ersten
2 – 3 Stunden als steil bergan angekündigt. Das ist
nun wirklich nicht übertrieben. Es geht so steil, dass
mir manchmal fast die Puste ausgeht.

Obwohl das Wetter gestern zum Abend sehr schön
wurde und für heute Sonne angesagt war, schraube
ich meine Erwartungen und Hoffnungen diesbezüglich
schon sehr bald herunter. Um 7.15 Uhr laufe ich noch
im Anorak. Ich denke: es ist noch früh und es wird
sicher gleich schöner. Das war leider wieder nichts.
Es geht immer weiter steil bergan und es ist nicht nur
der Hochnebel, der so nass ist, - nein – es beginnt
richtig zu nieseln. Also; - um nicht zu sehr zu schwitzen; - Anorak aus – Regenponcho über. Dazu brauche
ich natürlich immer kurz Hilfe und die habe ich bis
jetzt immer gefunden. Diesmal sind es Radfahrer, die
mal kurz anhalten.

So laufe ich nun schon wieder seit Stunden unter dem
Regenponcho, auch wenn die Sonne gelegentlich mal
kurz verhalten durchblinzelt.

Als ich ganz oben angekommen bin, ist der Weg auf
dem gesamten Höhenzug sehr schön. Ich gehe heute
wieder den ganzen Tag alleine. Auch bin ich nicht
wirklich nass geworden und gut und zufrieden in Palas
de Rei gelandet. Es gibt hier eine offizielle staatliche
Herberge, direkt gegenüber dem Rathaus. Davor sitzen schon wieder mindestens 15 Pilger als ich ankomme und warten, bis die Herberge öffnet.

Ich sehe mich im Ort ein wenig um und entscheide
mich dann für das Hostal „ Vilariño mit Bar / Cafè und
Restaurant. Es ist verhältnismäßig preiswert, ordentlich und sauber, ja sogar schöne Zimmer. Nachdem ich

mein Zimmer bezogen habe rufe ich sofort Walter an, ob er noch bis hierher kommt und reserviere sofort für ihn das letzte noch freie Zimmer. Habitation individual con baño für 24 €. Kurz darauf ruft Walter nochmals an, ich soll für die drei Cluberer auch reservieren – leider nichts mehr frei. Für sie bekomme ich aber in einer anderen Pension in der Nähe ein 3Bett-Zimmer. Umso mehr freue ich mich nun, dass ich schon so früh und in einem Zug durchgegangen bin. Der Run auf die Zimmer und Betten ist wirklich fatal. Darum nehme ich mir auch gleiches für morgen vor, denn dann sind es sogar wieder 30 km.

Weil ich heute den ganzen Tag noch nichts gegessen habe, bestelle ich mir den gleichen Teller, den ein Gast neben mir an der Bar genüsslich verzehrt: verschiedene Wurstscheiben, Seranoschinken, Käse und Brot dazu.

Ich habe bereits geduscht und mich frisch gemacht; aber noch nicht das komplette Programm. Die Salbung aller Körperteile erfolgt später, wenn der Hunger gestillt und der Durst gelöscht sind.

Nun erledige ich die heutigen Notizen für mein Tagebuch, das geht diesmal ganz flott und warte auf Walter. Als er nach 2 Stunden immer noch nicht da ist, begebe ich mich etwas zur „Vorabend-Ruhe". Irgendwann in Sarria habe ich Monika und Linda eine SMS geschickt und angeraten, dass sie den Umweg über Samos unbedingt gehen sollen; ebenso habe ich das italienische Restaurant „Il Fiorino" in Sarria empfohlen. Das sollen sie sich ruhig einmal gönnen – sie haben es verdient. Soeben hat sich Monika und gestern auch schon Linda, per SMS bedankt – mal sehen, ob sie es umsetzen.

Bis auf einen kleinen Abstecher mit Walter in eine Bodega, wo wir auch zum ersten mal bewusst die beiden Lehrerinnen Christine und Gabi sehen, verbringen wir „alle" zusammen den gesamten Abend in unserem Hotel. Es regnet; aber das tut unserer Freude keinen Abbruch. Wir haben viel Spaß, singen und freuen uns über jeden lustigen Beitrag.

Unsere inzwischen eng zusammengeschweißte Gruppe von fünf Männern, Gerd, Hans und Walter I aus Erlangen, Walter aus Witten und ich, bekunden uns immer wieder gegenseitig, dass wir uns gesucht und gefunden haben. Natürlich freuen wir uns auch über jeden anderen Pilgerkontakt und grenzen grundsätzlich niemanden aus; aber wir „Fünf" sind einfach gar nicht mehr auseinander zu dividieren. Es ist einfach selbstverständlich, dass wir abends gemeinsam essen gehen. Es ist selbstverständlich: was, wo, und wann wir einen zusammen trinken und vieles andere mehr. Wir sind so sinnesgleich, dass wir viele Dinge gar nicht besprechen, diskutieren oder abstimmen müssen – es geht einfach so automatisch. Dabei kennen wir uns doch noch gar nicht lange und näher überhaupt nicht. Ich glaube, eine solche Sympathie gibt es auch nur auf dem Camino.

Auch Ute & Co besuchen uns hier und besonders „Oberfeld Tobias" langt heute mit einem Gast, der mehrere Sprachen sehr gut spricht, an der Bar einmal kräftig zu. Sie trinken einen Kaffee, der mehr Alkohol enthält als alles, was wir bisher getrunken haben. So hätte heute Tobias um Haaresbreite die Sperrstunde in der Herberge verpasst – schießt ab und es scheint wohl noch geklappt zu haben.

Mit einigen lustigen Liedern, bei denen ich ihn gern unterstütze, beschließt Hans den heutigen Tag.

## Mittwoch / Mièrcoles  30. Mai 2007
## Von Palas de Rei nach Arzùa

Auch ohne Wecker bin ich schon früh wach und stehe daher wie geplant um 6.oo Uhr auf. Bei dem Blick aus dem Fenster möchte ich mich eigentlich schon wieder hinlegen, denn es regnet stark. Weil sich aber hier in einer Stunde sehr viel ändern kann bleibe ich auf und lasse mir Zeit. Um kurz vor sieben fährt der Aufzug, der direkt hinunter ins Lokal führt noch nicht. Darum nehme ich die Treppe, die zum Seitenausgang  hinunter geht.

Draußen vor der Tür steht Tobias, den wir „Oberfeld" nennen. Tobias ist zwar bei der Bundeswehr; allerdings in Koblenz beim Stab der Marine. Er ist Oberbootsmann und nicht Oberfeldwebel. Selbst wenn der Dienstgrad gleich wäre, so meinen diese Marineleute, dass sie etwas Besseres sind als die vom Heer. Darum nehmen wir Tobias mit dem „Oberfeld" immer ein bisschen auf den Krampf; aber er spielt mit.

Da steht er nun ganz indisponiert, weil er gestern Abend seine beiden Jacken hier im Lokal hat hängen lassen. Seine Regenjacke und auch seinen Anorak. Das lag an dem etwas zu vielen Alkohol in dem „Caffè-

Spezial" den er mit dem Gast an der Bar reichlich zu sich genommen hat und dann auch noch Hals über Kopf ganz schnell in seine Herberge gerannt ist, um noch rechtzeitig hinein zu kommen. Heute Morgen fehlen ihm beide Jacken und es regnet. Ohne Jacke wäre es auch ohnehin in den nächsten Tagen nicht möglich zu gehen. Nun hofft Tobias, dass seine Jacken noch da und nicht vielleicht in andere Hände übergegangen sind. Normal geht er schon immer zwischen 6 und 6.3o Uhr los aber jetzt sind ihm die Jacken viel wichtiger.

Da kommt dann der Barkeeper oder Mitarbeiter des Hotels. Er öffnet und Tobias strahlt glücklich, als er seine beiden Jacken an dem Garderobenständer hängen sieht.

Der Regen ist weniger geworden und es sieht aus, als würde es bald aufhören zu regnen. Darum nehmen Tobias und ich in unserer Bar noch das Frühstück ein. Zuerst aber schließt der Ober alles auf, die Türen, den Fahrstuhl, die Bartheke und so weiter; nicht aber bevor der Fernseher läuft, denn ohne Fernseher läuft hier gar nichts. Dann der Cafè und so langsam die restlichen Dinge für das Frühstück. Butter, Marmelade, Toastbrot und noch einen Orangensaft.

Ich bezahle mein Zimmer und das Desayuno. Der Ober ist noch so freundlich und empfiehlt mir auf meine Frage für den heutigen Zielort Arzùa noch ein gleichwertiges gutes und preiswertes Hotel. Er ruft an und ich buche sofort zwei Einzelzimmer, für Walter und für mich; und ein Drei-Bett-Zimmer für Gerd, Hans und Walter. Ich darf das inzwischen ohne zu fragen. Ich habe Prokura und bin ja zwischenzeitlich zum Quartiermeister ernannt und befördert worden. Nicht vielleicht, weil ich das so gut kann, sondern vielmehr, weil ich immer als erster am Zielort bin und dort schon alles klar mache. Wir gehen inzwischen ohne uns abzusprechen täglich die gleiche Etappe und treffen uns dann immer am gleichen Ort abends zum Essen und zum Trinken.

Auch haben wir inzwischen unsere Handy-Nummern ausgetauscht, so dass wir, falls erforderlich, immer den Standort des anderen abfragen können und wann wer vielleicht „einläuft".

Weil wir uns dabei so nett unterhalten haben, marschieren Tobias und ich zunächst einmal gemeinsam bei leichtem Nieselregen aus Palas de Rei hinaus auf die Piste.

Wir haben etwa den gleichen Schritt, dennoch fordere ich ihn auf, ruhig schneller seinen Tritt zu gehen. Er meint, da wäre eigentlich kaum ein Unterschied und darum gehen wir den ganzen Vormittag zusammen. Von Zeit zu Zeit etwas versetzt, oder auch mal längere Zeit, ohne ein Wort zu sagen. Nur etwa die erste Stunde bin ich unter dem Regenponcho gelaufen – dann hat es aufgehört zu regnen und zeitweise scheint sogar die Sonne. Es ist angenehm zu laufen und auch der Weg ist recht schön. Wir durchlaufen heute wieder ein Gebiet mit unzähligen Maisspeichern. Jeder erfüllt den gleichen Zweck; aber viele sind unterschiedlich und interessant gebaut.

An einer kleinen Bar „der beiden Deutschen" wie sie sich nennen, - sie sprechen zwar ganz gut deutsch, sind aber Spanier; machen wir eine kurze Pause. Unter anderem zum „Hände waschen", einen Cafè und Wasser auffüllen.

Wir unterhalten uns ganz nett, machen einige Fotos, besuchen zusammen drei Kirchen, wovon in zweien der Pastor einiges erläutert und natürlich für den Stempel eine Spende bekommt. In der einen Kirche ist das beschriebene und bekannte Kreuz, an dem Jesus nur mit einem Arm oder Hand oben angenagelt ist. Der rechte Arm hängt herunter und soll sagen, dass er damit den Pilgern die Hand reicht, um ihnen hinauf ins Himmelreich zu verhelfen.

In Melide, ein schon etwas größerer Ort oder Stadt machen wir eine kurze Pause auf einer Bank. Tobias kauft sich beim Bäcker ein paar Teilchen bzw. Kuchen und isst dies sofort. Ich esse einen Müsliriegel und trinke reichlich Wasser.

In einem kleinen Dorf blöken Schafe aus einem Stall etwas eigenartig. Ich schaue in den Stall und sehe, wie die Schafe noch wie ganz früher, mit zusammen-

148

gebundenen Beinen, mit einer einfachen großen Sche-
re geschoren werden. Der alte Mann und auch seine
Frau freuen sich über unseren Besuch und lassen sich
gerne bei ihrer Arbeit fotografieren.

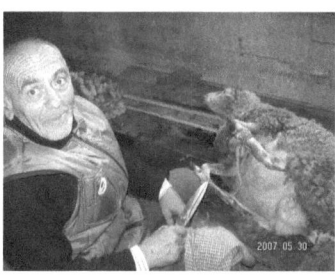

Wir gehen weiter und etwa 9 km vor Arzùa, sehen wir
plötzlich Walter Witten an der Strasse vor einer Bar
sitzen. Er hat sich mit einer französischen Tortilla
(Omelette) gestärkt. Wir setzen uns zu ihm und ich
bestelle mir etwas zu trinken. Tobias geht weiter
denn er möchte in der Herberge 5 km vor Arzùa bleiben. Dort muss er erst noch den Kampf um die Betten
bestreiten. Walter und ich folgen ihm kurz darauf.
Ich gehe eine Zeit lang langsam mit Walter, weil mein
Fuß heute wieder so schmerzt, besonders bergab.
Vielleicht bin ich mit Tobias doch etwas zu schnell
gegangen. Als es wieder bergauf geht, wird Walter
wieder langsamer und ich immer schneller. Ich hatte
wieder meinen eigenen Tritt und zog von dannen. Es
ist schön, wenn jeder wieder alleine „seinen Camino
geht".
So war ich etwa $\frac{1}{2}$ Stunde vor Walter, und 1 $\frac{1}{2}$ Stunden vor den „Dreien" im Hostal in Arzùa.

Die Zimmer sind sehr gut und das zum Preis von 25 €
für ein Einzel- und 45 € für das 3-Bett-Zimmer. Die
Cluberer wollen mich für dieses schöne Hotel vor
Freude küssen, aber wir belassen es bei einer Runde
Bier.
Frisch geduscht, Wäsche gewaschen, eingecremt und
in „Abendgarderobe" gehen wir fünf, wie seit einigen
Tagen, wieder zusammen zum Abendessen.
Wir werden immer lockerer, denn nun sind es sage
und schreibe nur noch gut 50 km bis nach Santiago de
Campostela.
Nach dem Essen gehen wir in Richtung Hotel und
trinken unseren Absacker noch in der Bar unseres
Hostals. Hans singt wieder seine Gute – Nacht – Lie-
der. Die Spanier sind begeistert und so neigt sich
auch dieser Tag wieder seinem Ende zu.

**Donnerstag / Jueves  31. Mai 2007**
**Von Arzùa nach Pedrouzo de Arca**

Der Weg soll heute nur 20 km betragen. Da war der
Vorschlag, einmal bis 7.oo Uhr zu schlafen gar nicht
so verkehrt. Das gelingt auch scheinbar allen, denn
wir treffen uns mit kleinen Abweichungen gegen 8.oo
Uhr in der Hotelbar „RUA" zum Frühstück.
Und wieder beginnt der Morgen mit starken Regen-
fällen. Wir gehen zwar wieder getrennt, treffen uns
aber zwei oder gar dreimal unterwegs, weil wir uns,
wie alle Pilger, mehrfach unterstellen müssen. Ohne
Regenponcho geht es heute überhaupt nicht.

Wir können uns auch ruhig Zeit lassen, denn in Pedrouzo habe ich bereits wieder ein Hotel vorgebucht. Das gestaltete sich sehr schwierig und diesmal hätte ich es selbst telefonisch mit meinem „Überlebensspanisch" ganz sicher nicht geschafft. Mehrere angewählte Hostals sind schon wieder ausgebucht. Dann erwischte die freundliche Dame an unserer Rezeption doch ein Hotel, das aber ein Stück abseits des Camino, das heißt, außerhalb von Pedrouzo liegt.

Wir sollen bis zum Ortseingang gehen und an der „Gasolinea" das heißt Tankstelle in dem Hotel anrufen lassen. Dann würden wir dort abgeholt. Klingt gut. Ich gebe allen den Namen und die Tel Nr. des Hotels, falls wir sehr unterschiedlich an der Gasolinea ankommen. Weil wir so nass geworden sind und zwangsläufig öfter unterstellen, das heißt auch einkehren müssen, trinken wir heute tatsächlich ein Glas mehr. Sogar schon etwas Alkohol am Tage. Einmal in einer Bar haben wir sogar richtig Spaß gehabt mit Kölner'n, Hessen, Sachsen und mit den beiden Lehrerinnen Christine und Gabi. Unser Humor scheint ihnen so langsam zu gefallen.

Auf dem folgenden Weg ist der Boden durch den anhaltenden Regen so sehr aufgeweicht und schlammig, dass uns der Matsch bis zum Rücken hinauf spritzt. Wir sehen aus wie die „Schweine" die sich im Matsch gesuhlt haben.

Vor Pedrouzo haben sich die beiden Walters I und II dann verlaufen. Sie kommen nicht zur Gasolinea sonder laufen auf einer Umgehung schon weit bis in den

Ort. Als Gerd, Hans und ich uns wie verabredet treffen, telefonieren wir uns mit den beiden Walter zusammen. Es dauert fast eine Stunde bis sie kommen. Wir verweilen uns die Zeit mit einem Döschen Bier an der Tankstelle. Wir sind ja draußen an der Luft; ohne Regen in der Sonne. Das tut auch mal wieder gut und wir sind schon so gut wie trocken.

In zwei Fahrten werden wir mit dem Hotel-Combi abgeholt. Das Hotel ist gut.
Das Abendessen weltspitze. Als Vorspeise ein Gußpfännchen mit bruzelnden Gambas in Olivenöl mit angeschmortem frischen Knoblauch. Danach eine Riesenlende – gar nicht zu schaffen und geschmacklich gut.
Wir genießen den Abend, einmal ab von der Piste, nur ganz wenige Pilger und ganz entspannt.
Morgen noch gut 20 km und wir werden in Santiago de Compostela sein.
Die Freude und Erwartung wächst immer mehr.
Wie wird es sein?      Was wird mich erwarten?
Ein Glücksgefühl beginnt in mir aufzukommen. Nun werde ich keinesfalls mehr aufgeben und wenn ich dorthin kriechen müsste.
Ich werde es schaffen – Ich werde ankommen!

**Freitag / Viernes  01. Juni 2007**
**Von Pedrouzo de Arca nach Santiago de Camposte-la**

Als wir unser Zimmer bezahlen, erklärt uns der Hotelier, dass es gar kein großer Umweg ist, statt zurück nach Pedrouzo, schräg einen Weg zu gehen, den er uns sogar aufzeichnete. Der wird nach der Stadt wieder auf den Camino kommen. Das sieht gut aus  und wir wollen dieses Stück Weg zusammen gehen, weil er nicht als Camino ausgeschildert ist, damit sich nicht jetzt noch jemand verläuft. Danach kann ja jeder wieder sein Tempo gehen.

Wir bleiben zwar meist auf Sichtweite, gehen aber doch sehr viel auch allein. Immer, wenn wir mal wieder zusammenkommen sprechen wir davon, dass wir es bald geschafft haben. Wer wohl als erster Santiago, oder die Kathedrale sieht. Man sagt, wer als erster den Turm der Kathedrale sieht ist Pilgerkönig dieser Gruppe.

Aber wir haben ja noch ein gutes Stück zu laufen.  In „San Paio" kommen wir bereits ganz nahe am Flugplatz von Santiago vorbei. Da denke ich bereits automatisch schon an den Rückflug. Ich verdränge das schnell wieder denn ich bin doch noch gar nicht am Ziel angekommen.
Das große „Finale" kommt doch erst noch, da kann ich doch nicht bereits an die Heimreise denken.
Da kommt wieder ein „Camino Meilenstein" ab hier noch 13 km bis Santiago. Die Kilometersteine sind

schon seit Anfang Galicien, auf den letzten 100 km aber immer häufiger aufgestellt. In Labacolla kommt noch einmal eine schöne gepflegte „Albergue". Dort machen wir fünf noch einmal Rast. Wir haben Zeit und auch Durst.

Die Erwartung und die Freude wachsen. Das Ziel ist greifbar nahe gerückt. Jeder Pilger den ich treffe spricht davon, es bald geschafft zu haben.

Weiter geht es hinauf nach **„San Marcos"**. Jeder hält regelmäßig Ausschau, ob er nicht schon etwas von Santiago sieht. In San Marcos / Ortsteil **„Monte do Gozo"** weist ein Hinweis links hinauf zum Gipfel des Aussichtshügels Monte del Gozo; es heißt, **„Berg der Freude"** Er wurde so benannt, weil die Pilger dieses Glücksgefühl hatten; ja heute noch haben, wenn sie nach all den Strapazen das langersehnte Ziel Santiago de Campostela vor sich sehen.

Das Wetter ist schön, die Sonne scheint und es ist warm, fast zu warm.

Unmittelbar unterhalb des großen Pilgerdenkmals in San Marcos, das von allen vier Seiten den Apostel Jakobus mit unterschiedlichen Inschriften zeigt, ist die Kapelle „Eremita / Parroquia de Bando". Oben auf dem Denkmal, ein großes dreidimensionales Kreuz, das von allen Seiten sichtbar ist und scheinbar abends leuchtet. Auf dem Platz vor der Kapelle ist ein kleiner Verkaufsstand mit Getränken aufgestellt. Während der eine oder andere in die Kapelle geht, und sich noch den schönen Stempel „Eremita de San Marcos del Monte del Gonzo" holt, legen wir alle unsere Rucksäcke ab. Mit den beiden Lehrerinnen Christine und

Gabi halten wir noch ein Schwätzchen und erfrischen uns noch mit einem Kaltgetränk.

Dann geht es dem ersehnten Ende zu. Wir bleiben alle ziemlich nahe beieinander. Bergab erreichen wir wenig später die große Strasse und das Ortseingansschild „Santiago". Jeder fotografiert es. Wir geben uns „Five" und die Freude hält Einzug.

Nun geht es aber nochmals 2,6 km durch die Stadt Santiago, bis wir gut eine halbe Stunde später nach Santiago de Campostela kommen. Durch die ersten Gassen der Altstadt hindurch bis hin zum Kathedraleplatz.

### „Angekommen"!

Eine Zeremonie von Umarmungen und Beglückwünschungen beginnt und will gar nicht enden.

Alle die man kennt – oder auch nur unterwegs einige male gesehen hat, geben durch jede nur denkbare Weise ihre Freude zum Ausdruck, gratulieren sich alle gegenseitig. Es kullern so einige Tränchen.

Die Rucksäcke und Wanderstöcke liegen auf einem oder einigen Haufen hier auf dem Kathedraleplatz und jeder sucht zunächst jeden. Manche umarmen sich dreimal weil sie vor Glück den Überblick verloren haben. Wir lassen die gewaltigen Gebäude dieser Kathedralestadt auf uns einwirken.

Ich schicke eine SMS wie ein „Rundschreiben" an meine Frau Gabi, an meine Kinder Christian und Daniela, sowie an meine Pilgerfreundinnen Linda und Monika mit dem kurzen Text:

*„Ich bin angekommen!"*
Sofort in den nächsten Minuten kommen die Antworten mit den Gratulationen und Glückwünschen.

Dazu gehört auch das große bekannte „Parador Hotel" direkt seitlich der Kathedrale.
Irgendwann geht Geraldiño dort hin und bucht das 3-Bett-Zimmer. Auch Walter Witten entscheidet sich als Belohnung für dieses Hotel.
Ich komme damit noch nicht so ganz klar, denn dieser extreme Sprung von dem, was ich nun mehr als drei Wochen erlebt habe; nun in den puren Luxus zu wechseln, widerstrebt mir irgendwie, und auch der mir angebotene Preis von 217 € pro Nacht für ein Einzelzimmer erscheint mir nicht angemessen. Die drei Cluberer bezahlen das Gleiche, aber geteilt durch 3 ist das schon in Ordnung.

Als ich danach feststelle, wie schwierig es ist, hier in der Altstadt ein Zimmer in einem ordentlichen Hostal oder kleinen Hotel zu finden, hätte ich es mir fast auch noch überlegt. Dann aber finde ich eine Pension, direkt an der Ostseite der Kathedrale. Ich muss in die 3. Etage und mein Bad ist auf dem Flur. Ansonsten ist es sauber und o.k.; es reicht mir aus. (35 €.)

Mein Gepäck lasse ich sofort im Zimmer, gehe aber gleich wieder los, um mir im Pilgerbüro gegen Vorlage meiner inzwischen auf **„Drei vollgestempelte Credenziale"** angewachsenen Pilgerausweis meine **„Compostela"** abzuholen. Eine lange Schlange Pilger steht auf dem Flur bis zur Treppe. Meine vier Pilgerfreunde sind auch schon hier und ein ganzes Stück vor mir. Fast eine ganze Stunde muss ich anstehen; aber meine Freunde warten auf mich.

Als ich an der Reihe bin, muss ich dort erst einige Fragen beantworten, obwohl eigentlich alles aus meinem Ausweis hervorgeht. Wo ich losgegangen bin und ob ich den ganzen Weg auch wirklich gelaufen bin, aus welchem Land ich komme und aus welchen Beweggründen ich diesen Weg gegangen bin. Pilgern, die nicht aus religiösen Gründen nach Santiago gepilgert sind, stellt das Compostelaner Domkapitel eine Urkunde aus, die ihnen eine „kulturelle Wallfahrt" bescheinigt. Die Dame schmunzelt über meinen „Stempelreichtum", denn der spricht für sich.

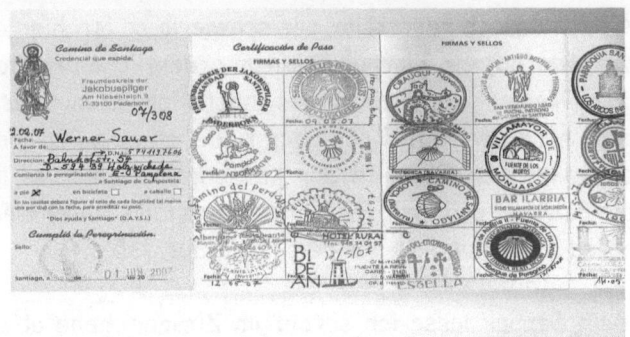

Nur ein kleiner Auszug aus meinen insgamt drei Credencialen

Laut der Compostela ist mein lateinischer Name
Dnum „V a r n e r i u m    S a u e r „

Nur gut, dass sie in meinem Ausweis nicht noch meine Zweitnamen Willi, Karl gesehen hat. Wie würde ich dann wohl in meiner Compostela heißen?

---

Die Compostela ist auf lateinisch verfasst; die deutsche Übersetzung lautet:

*„Das Kapitel dieser mütterlichen, apostolischen und metropolitanischen Kirche von Compostela, der Wächter des Siegels des Altares des seligen Apostels Jakobus, in der Absicht, allen Gläubigen und Pilgern, die aus dem ganzen Erdkreis beseelt von Verehrung oder eines Gelübdes willen vor der Tür unseres Apostels, des Patrons und Schutzherren der spanischen Lande, des heiligen Jakobus, zusammenkommen, echte Schreiben zur Bestätigung des Besuches zu verschaffen, macht allen und jedem, die in das Vorliegende Einblick nehmen, bekannt, dass*

*Werner Sauer*

*dieses allerheiligste Gotteshaus, von Frömmigkeit getrieben, ehrerbietig besucht hat. Zur Beglaubigung dafür überreiche ich dir / Ihnen dieses vorliegende Schreiben, versehen mit dem Siegel eben derselben heiligen Kirche. Gegeben in Compostela den 01.06.2007„*

Für diese wertvolle Urkunde bekommen wir für einen Euro eine runde Papphröhre, damit wir sie sauber und ungeknickt nach hause bekommen. Ich lasse die Urkunde also nicht wie geplant einschweißen, sondern belasse sie im Original um sie daheim einzurahmen.

Dann gehen wir in diesen netten, allerdings sehr touristischen Gassen der Altstadt in oder besser vor eine gemütliche Bar draußen und trinken ein großes Cerveca con Lemon. So beginnen wir langsam unsere Feier, obwohl wir noch gar nicht richtig begriffen haben, dass wir am „Ziel" sind. Wir gehen alle in unsere Unterkünfte um uns wie üblich zu duschen, frisch zu machen und uns angemessen zu kleiden. Der Weg hierher war zwar nicht mehr ganz so anstrengend; aber durchgeschwitzt bin ich in diesen 5 $\frac{1}{2}$ Stunden doch mehrfach. Außerdem bin ich doch inzwischen auch einiges gewöhnt.

Auf dem Weg hole ich noch mein Päckchen von der Post ab, das ich ziemlich zu Anfang hierher vorausgeschickt hatte.

Es ist noch viel Zeit bis 19.oo Uhr. Darum setze ich mich zunächst einmal auf die Mauer seitlich der Kathedrale. Eine Weile der Besinnung. Ich lasse die mächtige Kathedrale und alles was ich sehe; aber auch das was ich nicht sehe – nämlich meine Gedanken – auf mich wirken. Es kommt mir vor, als wäre der Kölner Dom hiergegen eine ganz normale Kirche. Ich sitze hier, verweile alleine, - viel länger als ich vorhatte.

Die Freude verlässt mich so langsam als mir klar wird, dass ich für morgen gar nichts planen oder vorbereiten muss. Mir kommen die Gedanken, dass etwas ganz besonderes nun bald zu Ende gehen wird. Etwas, worauf ich mich so lange gefreut habe. Womit ich mich monatelang beschäftigt habe.

Es gibt morgen keinen Weg! Die Wäsche brauche ich auch nicht mehr zu waschen. Für morgen und den

Heimweg habe ich noch genug. Heimweg – das ist das Stichwort.

Ist damit jetzt mein ganzes „Vorhaben" erledigt? Eine Reise, auf die ich mich lange und intensiv vorbereitet habe; mental, Bücher gelesen, tagelang im Internet recherchiert, Packlisten gelesen und selbst erstellt, immer wieder Ausrüstung gekauft und ergänzt, und auch körperlich; trainiert, gelaufen ohne und mit Gepäck 15, 20, und dann oft 30 km; die neuen Schuhe über 300 km eingelaufen; - hat sich ja alles bewährt – aber jetzt soll Schluss sein? Ich verstehe plötzlich Mitglieder des Freundeskreises der Jakobuspilger Paderborn, die bei dem letzten Treffen erzählten, dass sie gar nicht loslassen können. Ich bin seit meinem Vorhaben Mitglied geworden, habe viele gute Informationen und Anregungen von Frau de Castro bekommen; - das Mitgliedstreffen im April 2007 in Paderborn besucht und viele nette Jakobusfreunde kennen gelernt.

Viele sind den Camino schon mehrfach, oder in jährlich kürzeren Etappen gegangen. Es war eine Veranstaltung der Begeisterung. Bestimmt werde ich dort beim nächsten Mal die gleiche Begeisterung ausstrahlen. Aber im Moment bin ich erst einmal ein wenig traurig.

Ich kann das alles noch gar nicht richtig fassen und der Gedanke beschäftigt mich in jeder Minute, in der ich alleine bin.


Nun wird es aber Zeit. Ich habe versprochen, mich um das Lokal zum Abendessen zu kümmern und einen Tisch zu reservieren. Laura, meine spanische „Notlehrerin" die ja zufällig aus Santiago stammt, hat mir empfohlen, im Lokal „Sexto" oder „Sexto II" zu essen. Dort wäre es sehr gut und das Preis- Leistungsverhältnis würde stimmen. Sie hat mir auch gesagt, wo ich nicht hingehen soll. Ich gehe also hin und reserviere einen Tisch für sieben Personen. Die beiden Lehrerinnen aus Freiburg im Schwarzwald wollen auch mitgehen. Dann muss ich mich beeilen denn um 19.oo Uhr wollen wir uns auf dem Kathedraleplatz treffen. Ich komme etwas zu spät, aber das Lokal öffnet eh erst um 20.oo Uhr.

Wir nehmen die „Vorsuppe" in dem Straßenlokal daneben.
Das Essen ist sehr gut aber auch teuer. Den Rest des Abends haben wir mit vielen Mitpilgern, die sich in gewohnter Weise zufällig immer alle im oder am gleichen Lokal wieder treffen gefeiert.
Da ist auch Monika II, die wirklich Anke heißt. Und weil Gerd schon seit Tagen immer Monika zu ihr sagt, nennt sie ihn immer „Detlef". Auch Ute-Schnute aus Köln, Mareike und Hank aus Holland, die beiden Nordlichter, Oberfeld Tobias, Ralf aus Nürnberg, und viele, deren Namen ich nicht weiß oder vergessen habe.
Wir feiern lustig zusammen und manche tanzen sogar auf der Strasse, wo eine Gruppe von Straßenmusikern spielt.
Zum guten Schluss trinken wir noch den Absacker im „Parador". Es ist schon nach eins und ich gehe als erster, denn ich bin müde und habe keine Lust mehr. Morgen früh soll ich dorthin zum Frühstück kommen; - aber das möchte ich jetzt noch nicht zusagen.

## Samstag / Sàbado  02. Juni 2007
## Ein Tag in Santiago de Campostela

Nach dem feucht-fröhlichen langen Abend ziehe ich es vor, mich auszuschlafen, statt frühzeitig zum Frühstück ins Parador zu gehen. Meine Freunde haben Verständnis. Ich habe leichte Kopfschmerzen und möchte auch noch gar nichts essen. Darum bleibe ich bis 8.3o Uhr im Bett liegen. Dann mache ich mich langsam fertig; - auch im Bad brauche ich heute etwas länger; - aber ich habe ja Zeit.

Die Altstadt und Umgebung besichtige ich, soweit ich gestern etwas noch nicht gesehen habe. Den Büchermarkt, die großen Steinfiguren, die kleineren Kirchen, den Obst- und Fischmarkt sowie die schönen Häuserfassaden in den schmalen Gassen.

Da treffe ich auch meine vier Pilgerfreunde wieder. Die beiden Lehrerinnen Christine und Gabi, die mit ihnen gefrühstückt hatten, sind bereits aufgebrochen und weiter zu Fuß auf dem Weg zum Kap Finisterre. Sie waren bereits im vorigen Jahr hier in Santiago und haben wohl deshalb ein etwas anderes Programm.

Der Kathedraleplatz ist der „Nabel" von Santiago. Deshalb trifft sich dort auch alles und jeder immer wieder.

Da steht auch wieder der offensichtlich „Berufs- oder Dauerpilger" in seinem langen braunen original Jakobuspilgergewand mit entsprechendem Hut und Stab.

Gerne lässt er sich für eine kleine Spende allein oder mit Pilgern fotografieren.

Um 12.oo Uhr ist die tägliche Pilgermesse. Da wir gestern erst nach 12.oo Uhr hier waren, sind wir vom Pilgerbüro für heute zur Verkündung der neu „Angekommenen" in der Pilgermesse angemeldet.

Geraldiño hat seine Familie und Fans zu hause mobilisiert, dass die „Webcam" auf dem Kathedraleplatz so ausgerichtet ist, dass alle neu ankommenden Pilger dort life zu sehen sind und entsprechend übertragen werden. Aus diesem Grund gehen wir pünktlich um 11.15 Uhr im Gänsemarsch über den Platz auf die Kathedrale zu und dort hinein. Es ist bekannt, dass die Messe immer sehr voll und daher alle Sitzplätze frühzeitig besetzt sind. Wir bekommen noch eine ganze Bank ziemlich vorne. Die wird erst einmal reserviert und dann gehen Gerd, Hans und ich in die Sakristei. Wir fragen die dort im Küsteramt tätige Nonne, ob es möglich ist, dass Hans in der Messe das „Ave verum" solo singen dürfte. Sie strahlt uns an und fragt sofort: „welches Ave verum, es gibt verschiedene. Das bekannteste und wohl auch schönste ist das von Mozart". Genau das und schon beginnt sie mit uns gemeinsam dieses Ave verum leise in der Sakristei anzusingen. Die Nonne singt sehr gut und weil sie offensichtlich Spaß an der Musik hat, stimmt sie sofort zu. Sie bestimmt die Zeit vor der Kommunion. Vor

Beginn der Messe holt sie uns drei nach vorne in den Altarraum vor die Absperrung, wo sonst auch die mitwirkenden Lektoren sitzen. Das ist insbesondere mir fast peinlich, weil ich doch eigentlich gar nicht mitsingen will. Ich möchte diese tolle Szene doch nur mit der Fotokamera filmen. Das geht ja auch mit Ton. Dann übt die Nonne vom Ambo neben dem Altar noch mit allen Pilgern und Kirchenbesuchern einige Lieder bzw. Refrains ein. Auch das macht sie wie ein Profi. Wir unterstützen sie dabei stimmässig kräftig. Dann beginnt die große Konzellebrationsmesse mit einer Vielzahl von Priestern verschiedener Nationen.

Es ist ein ergreifendes Erlebnis, wie danach auch viele Mitpilger bestätigen. Zuerst werden in einer endlos langen Litanei alle neu angekommenen Pilger mit ihrem Herkunftsland vorgelesen.

Leider funktioniert heute der große schwenkende Weihrauchkessel nicht. Das hätten wir schon gerne erlebt – aber man kann eben nie Alles haben. Zum zweiten Mal besichtige ich noch die gesamte Kathedrale, den Jakobus und auch seinen goldenen „Schrein". Danach machen wir zu fünft noch einen Stadtrundgang, besichtigen noch eine sehr schöne alte Kirche und trinken dann zusammen Cafè. Nun noch ein paar kleine Tapas. Wir sind inzwischen wieder fußlahm, denn das Herumlaufen in einer Stadt oder auf dem Altstadtpflaster ermüdet mehr als ein 20 km Marsch. Auf dem Weg in mein Quartier setze ich mich erst wieder eine ganze Weile zur Besinnung auf die Steinmauer am Platz auf der Ostseite, denn das hat mir gestern sehr gut gefallen. Das Wetter ist übrigens schon den ganzen Tag wieder sehr schön. Wir verab-

reden uns wieder für 19.oo Uhr zum Abendessen.
Heute soll es nicht so spät werden.
Meine vier Freunde wollen morgen Mittag um 12.oo
Uhr mit dem Bus nach Finisterre fahren und ich muss
etwa gleichzeitig den Bus zum Flugplatz nehmen, denn
der nächste Bus wäre zu spät.

Nach dem heutigen nicht so üppigen aber doch guten
Abendessen, probieren wir anstatt Nachtisch einmal
die Sangria in Santiago. Im Gegensatz zu den meisten
anderen hat sie mir, aber auch Gerd und später Tobias gut geschmeckt. Da kommen langsam wieder alle
alten Bekannten zur gleichen Bar und es wird schon
wieder lustig. Wir singen abwechselnd mit den Spaniern unsere Landeslieder, oder auch zusammen, so
gut das ging. Danach treffen wir wieder auf die Gruppe der Straßenmusiker. Heute kann ich es mir nicht
verkneifen, eine ihrer Gitarren zu nehmen und ein
paar deutsche Lieder zu singen. Im Nu steht eine
große Traube deutschsprachiger, dazu zähle ich in
diesem Fall auch einmal die Holländer, weil sie unsere
Lieder kannten. Es wird auf der Straße getanzt und
dann schon wieder der Schlaftrunk im Parador. Aus-
blenden gibt es nicht, denn wir feiern Abschied.
Zwei Bier und ich möchte gehen. Als ich verspreche,
am nächsten Morgen wirklich zum Abschiedsfrüh-
stück zu kommen, darf ich mich in Güte verabschieden.

**Sonntag / Domingo  03. Juni 2007**
**Heimreise von Santiago de Campostela**

Um 07.3o Uhr bin ich aufgestanden. Habe bereits
meinen Rucksack gepackt und bin um 08.30 Uhr
pünktlich zum Frühstück im Parador. Ein Frühstück
vom Allerfeinsten mit allem was das Herz begehrt.
Von Champagner über Spargel, Actimel, Schinken, O-
Saft, Eier in jeder Variante, frisches Obst in Auswahl. Es fehlt eben an nichts. Na ja, kostet ja schließlich auch 18 €. Gerd sorgt für uns alle, damit wir das
angedachte Sektfrühstück einhalten. Anke; alias Monika kommt auch dazu und genießt das Frühstück mit
uns. Wir kosten diesen Morgen hier richtig aus und
unterhalten uns intensiv über ihren Beruf, Zukunft,
Kariere usw. Anke ist eine sehr intelligente Dame und
sie wird ihren Weg schon machen, auch wenn es da im
Moment ein paar Stolpersteine gibt.
Nach dem Frühstück gehe ich noch eine Runde mit
Gerd. Er möchte auch noch das umgekehrte Zeichen
$\Omega - A$   an dem Ostportal sehen. Sonst reden wir
nicht viel, denn wir sind beide etwas wehleidig, weil
wir uns nun trennen müssen. Wir sind uns eben richtig
ans Herz gewachsen – in dieser kurzen Zeit.
Um 11.15 Uhr treffen wir uns zu Verabschiedung vor
dem Parador.  Gerd, Hans, Walter I und Walter II
gehen zum Busbahnhof und ich zur Haltestelle zum
Flugplatz.

Wir umarmen uns und drücken uns wie „Alte Kamera-
den". Mit etwas feuchten Augen gehe ich in die ande-

re Richtung, schaue mich nur noch einmal kurz um, und dann nicht mehr.

Die Rückreise verläuft halbwegs normal, zwar mit Verspätung und ich komme ohne mein Gepäck an; aber das kommt zwei Tage später.
Dafür bereitet mir die ganze Familie am Flugplatz in Dortmund einen schönen Empfang. Sogar Daniela und ihr Freund Alex sind extra von Düsseldorf gekommen.
Ich bin noch immer so überwältigt, dass ich am Anfang erst einmal nicht großartig erzählen kann. Das wird so nach und nach kommen.

Es ist und war eben eine „Reise", die viel mehr bedeutet als nur ein schöner Urlaub oder eine Wanderung.
Es ist einfach:          „Der Camino"

## Erfahrungen, - am Ende des Camino

Zum Ende des Camino und auch hier in Santiago de Campostela werden so viele Erfahrungen und Erlebnisse ausgetauscht, die natürlich auch viele Fragen aufwerfen.
Nicht umsonst sagt man: „Den Camino kann man nicht beschreiben, man muss ihn erleben!" - oder aber –
„Denen die ihn gehen, braucht man ihn nicht zu erklären, -
Und denen die ihn nicht gehen, kann man ihn nicht erklären".

Da spricht doch jeder von: **„Mein Camino"**, weil jeder ihn auf seine Weise erlebt, ja oft auch anders erlebt.
Schon vom ersten Tag an kann jeder erfahren, dass die Menschen sich untereinander sofort und nahezu tabulos öffnen. Ein Vertrauen, wie ich es sonst nur von langjährigen Freundschaften kenne. Jeder hat sein „Päckchen" mitgebracht. Die Gründe, diesen Weg zu gehen sind vielfältig. Die Hauptgruppen, in die ich diese Gründe einteilen möchte sind:
- Probleme (im täglichen Leben, in der Partnerschaft, oder im Beruf)
- Dankbarkeit ( nach besonderen Lebensabschnitten oder Krankheit)
- Suchen nach einer Antwort oder Entscheidung für die Zukunft

Und alle diejenigen, die keinen besonderen Grund hatten, sondern wegen der sportlichen Herausforderung, Reise- oder Abenteuerlust aufgebrochen sind haben sehr bald erfahren, dass der Camino doch noch etwas mehr ist und anderes bietet, als sie erwartet haben.

Da kann doch plötzlich jeder eine oder mehrere rührende Erlebnisse berichten, die sehr beeindruckend sind aber auch nachdenklich stimmen.

So hat mir Walter aus Witten erzählt, dass er plötzlich sehr knapp mit Bargeld war, weil er schon seit drei Tagen einen Geldautomaten oder einen solchen der auch funktioniert, suchte. Nun muss er von den 7,30 € auch noch das Frühstück bezahlen, und geht jetzt mit etwa 3 € auf den Weg. Am Vormittag trifft er vor einer Bar ein Ehepaar aus Frankfurt und kommt mit diesen ins Gespräch. Sie heißen Herbert und Christa und wollen in der Bar bei einem Kaffee con Leche eine Pause machen. Walter muss leider passen, weil er sich dies, wie er sich ausdrückt, heute finanziell nicht erlauben kann. Er muss zuerst eine Bank oder einen Geldautomaten finden. Spontan gibt Herbert ihm 50 Euro und sie tauschen lediglich die Telefonnummern aus. „Wenn Du in Burgos, der nächst großen Stadt, Geld abgeholt hast, kannst Du mich ja anrufen. Dann treffen wir uns irgendwo und Du kannst es mir zurückgeben." Walter war auch noch, als er mir das später erzählte – tief beeindruckt über dieses Vertrauen.

Bei der Tasse Kaffe erzählten ihm dann Herbert und Christa aus Frankfurt, dass ihnen dies gleichermaßen passiert sei. Exakt die gleiche Situation, und da hat eine Pilgerin aus Australien ebenso spontan und vertrauensvoll reagiert. Sie hat ihnen 50 Euro geliehen, ihre Anschrift in Australien aufgeschrieben; und Herbert sollte es ihr, wenn er wieder zu hause wäre, zurück schicken. Auch dies war, wie wir hörten kein Einzelfall, denn mit „Geldnachschub" war es oft problematisch.

All diese Harmonie und Hilfsbereitschaft, die wir alle immer wieder erfahren konnten, fallen eigentlich unter die Rubrik „zwischenmenschliche Beziehungen".
Auf meinen Einzeletappen denke ich dann immer wieder über solche Begriffe, wie zwischenmenschliche Beziehungen nach. Ich interpretiere es plötzlich so, dass das zwischenmenschlich wohl so zu verstehen ist, dass zwischen den Menschen noch etwas ist.........; denn so viel positives im Umgang miteinander haben wir alle noch nicht erlebt.

Dann ist da noch etwas, was ich in diesem Kapitel betonen möchte.
Jeder Jakobspilger spricht sowohl unterwegs, insbesondere aber am Ende davon, dass er / sie, sehr glücklich ist. Sehr viele weinen vor Glück, sind ergriffen. Sie umarmen sich, als wären sie seit Jahren die besten Freunde. Sie beglückwünschen sich und feiern dieses Erlebnis, - den Erfolg, - angekommen zu sein.
So berichtet mir Norbert aus Castrop-Rauxel, dass ihn die Pilgermesse am Schluss in Santiago de Compostela am allermeisten beeindruckt und ergriffen hat, obwohl er gar nicht katholisch sei. Er wäre vor lauter Freude sogar zur Kommunion gegangen. Ich habe ihm meine Gedanken dazu gesagt. Es ist vollkommen egal, welchen Glauben man hat, oder welcher

Konfession man angehört; - Gott ist von keinem bestimmten Glauben reserviert. Er ist für uns alle da und ich meine, das lässt er uns auch spüren.

Ich fand es wundervoll, dass unterwegs immer alle, egal welcher Konfession angehörend, mit in die Pilgermessen gegangen sind. Dort zugehört, gebetet oder meditiert haben. Da wurden Emotionen frei, wenn Hans aus Erlangen auf einmal begann, in die Stille des Gottesdienstes hinein, das „Ave verum corpus natum" von Mozart, solo a capella zu singen. Oder wenn wir alle gemeinsam das „Heilig, heilig und Großer Gott wir loben Dich" gesungen haben. Auch dabei hat es Gänsehaut und Tränchen gegeben; - egal welche Konfession.

Hier spätestens wurden alle berührt, auch diejenigen, die ursprünglich nicht aus spirituellen Gründen losgegangen waren.

Das Wort angekommen erhält eine vollkommen neue Bedeutung. Wir sind angekommen. Gleichzeitig merken wir, dass wir nur hier angekommen; aber noch lange nicht am Ziel sind. Pilgern heißt: auf dem Weg sein – und der Weg ist in Santiago noch lange nicht zu ende. Ein deutscher Priester, der die Pilgermesse mitfeiert, ich glaube, dass er auch gepilgert ist, spricht ebenso wie einige andere Priester in ihrer Landessprache ein paar Grußworte.
Er weist darauf hin, dass an der Ostseite der Kathedrale über dem Portal in Stein gebildet

$$A - \Omega$$

umgekehrt angebracht worden sind, nämlich

$$\Omega - A$$

und das dies nicht erst in der Neuzeit geändert wurde, sondern auf eine sehr alte Pilgergeschichte zu-
rückgeht. Genau damit wollte man sagen, dass der
Weg, von Anfang bis zum Ende nicht hier in Santiago
aufhört, sondern hier wieder anfängt und weiter
geht.
Ich bin mit Gerd aus Erlangen zur Ostseite gegangen,
und wir haben dieses Zeichen gesucht und gefunden.

Jeder, der über diesen Camino und auch über seinen
künftigen Weg nachdenkt, fühlt sich verändert. Das
hält auch an, denn eine Vielzahl von Pilgern berichten
auch nachher, dass nicht nur sie selbst, sondern auch
ihre Partner sagen, dass sie anders geworden wären.
Was ist nur geschehen?
Es gibt viele Berichte, Bücher und Aufzeichnungen
von Jakobuspilgern. Alle sind zumindest sinngemäß
vergleichbar.

Ich zitiere aus einem Tagebuch, das ein Pilger veröf-
fentlicht hat:
> „Der Jakobsweg hat mich verändert,
> hat Einfluss auf mich genommen.
> Ich sehe heute vieles mit anderen Augen.
> Je größer der zeitliche Abstand wird,
> desto intensiver spüre ich
> diese Veränderung.
> Die Erfahrung wird reicher,
> je mehr ich über den Weg nachdenke."

Was also hat uns verändert? Ich denke oft darüber nach und habe nur die eine Erklärung:

Schon kurz nach der überglücklichen Ankunft, der Freude und der Glückwünsche wird jeder plötzlich nachdenklich, irgendwie traurig, bedrückt, etwas sentimental – ich weiß nicht, jeder beschreibt es anders.

Da kommen Gedanken wie:

Soll das nun alles vorbei sein? Das kann es doch nun nicht gewesen sein? Es war doch alles irgendwie so schön und nun soll ich nach hause fahren; und alles wird wie es war??? Das war doch etwas anderes als ein Urlaub! Das war doch auch kein Wettkampf oder eine Prüfung..... ich habe bestanden, oder, ich habe gewonnen – hier ist meine Urkunde und das war's.

Nein, das kann so einfach nicht zu Ende sein.

Da laufen oder fahren einige noch nach Finisterra / zum Ende der Welt, damit es ja noch weiter geht.

Aber auch dort ist es irgendwann einmal zu Ende; man fährt zurück nach Santiago, um von dort aus dann auf irgendeine Weise den Heimweg anzutreten – Aber wie geht es weiter??

Fragen über Fragen; aber da war doch noch das Ostportal der Kathedrale mit dem umgekehrten

Alpha und Omega; vom $\Omega$ **zum** $A$ genau das kann es sein.

So geht unser Weg weiter – zurück zum Alpha, zurück zum Anfang;

oder beginnt hier unser Camino neu? So steht es schon in der heiligen Schrift:

„Am Anfang war Gott" - und wir sind nun auf dem Weg zurück zum Anfang ...."

Nur so könnte ich mir unsere allseits berichtete Veränderung erklären.

Ich bin nun zu dem Schluss gekommen, dass es weniger wichtig ist, was mich verändert hat, sondern dass ich mich bemühe, diese Veränderung noch so lange wie möglich festzuhalten, zu pflegen und zu leben.
Dann bin ich auf dem richtigen Weg;
**auf meinem Camino !**